05

Abnormal Psychology

공황장애

박현순 지음

_ 공황, 그 숨 막히는 공포

학지사

'이상심리학 시리즈'를 내며

21세기를 살아가는 우리는 급격한 변화와 치열한 경쟁으로 이루어진 현대사회에 적응해야 하는 커다란 심리적 부담을 안고 있다. 이러한 현실 속에서 현대인은 여러 가지 심리적 문제와 장애에 직면하게 될 가능성이 높다.

정신건강에 대한 사회적 관심이 증대되면서, 이상심리나 정신장애에 대해서 좀 더 정확하고 체계적인 지식을 접하고자 하는 사람들이 늘어나고 있다. 그러나 막상 전문서적을 접하게 되면, 난해한 용어와 복잡한 체계로 인해 쉽게 이해하기 어려운 것이 현실이다.

이번에 기획한 '이상심리학 시리즈'는 그동안 소수의 전문가에 의해 독점되다시피 한 이상심리학에 대한 지식을 일반 독자들에게 소개하기 위한 것이다. 이를 위해서 다양한 정신장애에 대한 최신의 연구 내용을 가능한 한 쉽게 풀어서 소개하려고 노력하였다.

'이상심리학 시리즈'는 서울대학교 심리학과 임상·상담 심리학 교실의 구성원이 주축이 되어 지난 2년간 기울인 노력의 결실이다. 그동안 까다로운 편집 지침에 따라 집필에 전념해준 집필자 모두에게 감사드린다. 아울러 어려운 출판 여건에도 불구하고 출간을 지원해주신 학지사 김진환 사장님과 한 권 한 권마다 좋은 책이 될 수 있도록 성심성의껏 편집을 해주신 편집부 여러분에게 고마움을 표한다.

인간의 마음은 오묘하여 때로는 "아는 게 병"이 될 수 있다. 그러나 이러한 우려보다는 "아는 게 힘"이 되어 보다 성숙하고 자유로운 삶을 이루어나갈 수 있는 독자 여러분의 지혜로움을 믿으면서, '이상심리학 시리즈'를 세상에 내놓는다.

2000년 4월
서울대학교 심리학과 교수
원호택, 권석만

2판 머리말

　우리는 풍요로운 시대에 살고 있다. 그러나 우리의 마음 또한 그만큼 넉넉한가에 대해서는 의문이 든다. 수첩에 적혀 있는 일들과 만나야 할 사람들, 직장에서의 경쟁과 인간관계, 건강 문제 등 현대인의 하루는 분주하기만 하다. 그러면서도 뭔가 허전하고 아직 해야 할 일이 남아있는 것 같은 미진함을 떨치지 못하며, 때로는 알 수 없는 막연한 불안과 짜증을 느끼기도 한다. 어쩌면 근대화라는 미명하에 마음의 풍요를 투자함으로써 물질적인 풍요를 얻고 있는 것이 아닌가 하는 생각마저 든다.

　이 시대의 상황이 불안을 내포하고 있다면, 그 안에 사는 우리는 그 불안을 다루어가며 살아야 한다. 그러기 위해서는 무엇보다도 먼저 불안의 정체를 알아야 할 것이다. 실제로 위험이 닥칠 상황이라면 불안한 것이 정상이다. 하지만 위험이 없는데도 두려움과 불안에 떤다는 것은 견디기 힘든 고통이다.

더구나 다른 사람들이 보기에 아무렇지도 않은 상황에서 느닷없이 10여 분 간이나 죽음의 공포에 빠진다고 상상해보라. 이러한 극도의 공포는 겪어보지 않은 사람은 도저히 알 수 없는 것이라고 한다.

이 책은 그간의 심리학 연구 성과를 토대로 공황이 왜 생기는지, 어떤 마음가짐으로 어떻게 행동하는 것이 공황에서 벗어나는 데 도움이 되는지를 알기 쉽게 제시하고자 하였다. 외국에서는 공황장애의 치료에 심리학 이론을 많이 활용하고 있으며, 약물치료에 비길 만한 치료 효과를 보고한 연구도 많다. 그러나 국내에는 아직 공황장애의 치료 지침서로 활용할 만한 심리학 서적이 부족한 것 같다. 부족하나마 이 책이 공황장애로 고통받는 분들과 그 가족, 그리고 주변에 있는 분들과 치료자들께 유용한 지침서로 활용되었으면 하는 바람이다.

2016년

박현순

차례

1 공황장애란 무엇인가 ── 11

공황장애란
무엇인가

1

1. 현대인의 불안

올해로 38세인 L씨는 광고회사 이사다. 그는 누구나 알 만한 광고 히트작을 내서 회사를 크게 성장시킨 공로로 입사 동료들보다 빨리 승진을 했다. 그러나 지난 가을 브레이크라도 걸린 듯 갑자기 알 수 없는 증세가 닥쳤다. 동료들과 사우나를 하고 휴게실에 앉아 쉬는 도중 가슴이 답답해지고 약간 현기증이 나는 것을 느끼면서 10여 분간 막연한 불쾌감과 두려움이 엄습한 것이다. L씨는 즉시 병원을 찾아가 혈압과 심장에 이상이 있는지 체크해보았으나 아무 이상이 없어 과로로 인한 것이겠거니 하고 지나갔다.

그러다가 올봄 지방 출장을 가던 중 고속도로에서 비슷한 증세가 재발했다. 밀리는 고속도로에서 차들이 정체되어 있는 가운데 L씨는 갑자기 가슴이 답답하게 조여들며 숨이 차고 심장이 두근거리면서 온몸에 진땀이 쫙 났다. 곧이어 속이 울렁거리고 어질어질하면서 정신이 아득해지는 느낌이었다. 순간 L씨는 심장마비가 오는구나, 이대로 죽는구나 하는 생각이 들어 급히 차를 몰아 고속도로를 벗어난 후 인근에 있는 병원 응급실을 찾았다.

응급실에서 필요한 검사를 몇 가지 하는 동안 증세는 가라앉았고 검사 결과도 이상이 없다고 나왔지만, L씨는 그 길로 차를 돌려 서울로 올라와 대학병원에 입원해 종합검진을 받았다. 검진 결과 혈압이나 심장 기능, 호흡 기능에는 아무 문제가 없었다.

이후 L씨의 삶은 크게 달라졌다. 까닭 없이 금방 죽을 것 같은 공포를 경험하고 난 뒤 매사를 조심할 수밖에 없었다. 심장에 무리를 줄 것 같아 운동도 그만두었고, 지방 출장도 피했다. 건강염려증이라도 생긴 듯 몸 상태에 민감해지면서 술, 담배, 커피는 물론 가리는 음식도 많아졌다. 언제 또 그런 공포가 닥칠지 몰라 즐기던 사우나도 피하고, 복잡한 거리를 피해 출퇴근 시간도 새벽과 늦은 저녁으로 바꾸었다.

이렇게 생활하다 보니 L씨에게 안전한 공간은 점점 더 줄어들었고 사회활동을 하는 데도 크게 위축되었다. 사람이 많은 지하철이나 버스, 심지어 엘리베이터를 타는 것도 두려워 계단을 이용했지만 그것도 심장에 부담이 될까 봐 한 층 올라가서는 반드시 휴식을 취했다. L씨는 병원에서 아무 이상이 없다는 데도 이런 공포에 사로잡혀 쩔쩔매는 자신이 싫었고, 이런 모습이 동료들에게 알려질까 봐 초조했으며, 한창 일할 나이에 꽃도 피우지 못하고 이대로 주저앉는 것은 아닌가 하는 생각에 우울증에 빠지게 되었다.

40대 초반의 B씨는 5년 전 공황 상태와 비슷한 경험을 한 적이 있다. 두 아이를 둔 가정주부로 교직에 몸담고 있던 그녀는 일과 가정생활을 병행하는 것이 힘들었지만 남편의 격려로 그런 대로 꾸려 나갈수 있었다. 그러던 B씨에게 중요한 시험이 닥쳤다. 간간이 밤을 새워가며 공부하던 어느 날 오후, B씨는 아주 이상한 경험을 하게 되었다. 갑자기 먹구름이 몰려오듯 주변이 어둑어둑해지는 것이었다. 그러나 바깥은 구름 한 점 없는 화창한 날씨였다. 뭔가 잘못될 것 같은 막연한 불안감을 느껴 B씨는 얼른 집으로 돌아가기로 하였다. 학교를 나서는데 갑자기 사지에 맥이 탁 풀리면서 주저앉을 것만 같았다.

가까스로 집에 돌아온 B씨는 자리에 누웠으나 여전히 먹구름이 몰려오는 것 같은 느낌을 떨치지 못했고 주위가 이상해지면서 마치 딴 세상에 와 있는 것 같았다. 그녀는 사람들이 이러다가 미쳐버리나 보다 생각했다. 곧이어 가슴이 두근거리고 조여들면서 답답해져 숨을 크게 쉬어보았으나 답답하기는 마찬가지였다. 바람을 쐬려고 밖에 나가 서성거리고 있는데 마침 학교에 갔던 아이가 돌아와 재잘거리면서 학교에서 있었던 일을 얘기했다. 아이의 얘기를 들으면서 차츰 마음도 가라앉고 답답하던 가슴도 편안해졌다. 이후 B씨는 시험 스트레스 때문에 그랬겠거니 하고 잊고 지냈다.

이후 몇 해가 지난 어느 날 B씨는 저녁 준비를 하다가 갑자기 가슴이 두근거리면서 답답해지는 것을 느꼈다. 숨을 깊이 쉬어보았지만 답답함이 가시질 않았다. 환기를 시키려고 창문을 모두 열다가 문득 옛날에도 이와 비슷한 경험을 했던 것이 떠올랐다. 다음날 B씨는 병원을 찾았다. 검사 결과 신체적인 이상은 없었으며 공황 초기 증상이라는 얘기를 들었다.

36세의 E씨는 유능한 그래픽 디자이너다. 그는 사회에 첫발을 내디뎠던 20대 초반에 가슴이 두근거리면서 곧 심장마비가 와 죽을 것 같은 공황 증상을 경험했고, 내과에서 약물치료를 받았으나 별 효과를 보지 못했다. 약을 먹으면 너무 졸리고 나른해서 일에 집중할 수가 없었으며, 심장이 두근거리는 것도 별로 나아지지 않았기 때문이었다.

그는 지난 10여 년을 돌아보면서 그때 이후 자신의 삶이 그대로 정지된 것 같다고 말했다. 직장일 이외에는 아무것

도 할 수 없었다. 결혼은 물론이고 자신이 안전하다고 판단
하는 구역 밖으로 나갈 수가 없어 여행 한 번 가보지 못했다
고 했다. 최근에는 악몽도 많이 꾸고, 자다가도 공황이 와
놀라서 깨어나면 몇 시간을 고통 속에 앉아있다가 지쳐 잠
들곤 했다. 그러다 보니 일에 대한 감각도 둔해지고 의욕도
많이 상실해 직장을 쉬고 싶은 마음밖에 없었다. 그는 언제
들이닥칠지 모르는 죽음에 대한 공포를 가리켜, 마치 언제
내려칠지 모르는 몽둥이를 뒤통수에 달고 다니는 것 같다고
표현하였다.

21세기에 접어든 지금, 인간은 우주 도시 건설을 꿈꾸며 복
제 인간의 탄생이 자연의 섭리에 위배된다는 논란을 벌이고
있다. 눈부신 과학문명의 발달로 사람들은 추위와 더위 걱정
을 잊은 지 오래이고, 한겨울에도 어렵지 않게 여름 과일을 먹
는다. 그렇다면 이 시대에 사는 우리는 과연 행복한가?

과학의 발달과 물질문명은 인류에게 많은 혜택을 준 만큼
그만한 정신적 대가를 요구하고 있다. 지난 세기에 인류는 두
차례의 세계대전을 겪었으며, 핵전쟁에 대한 불안은 인류 공
통의 십자가로 남아있다. 오존층이 파괴되고, 빙하가 녹아내
리며, 세계 곳곳에서 기상 이변이 속출하고 있다. 이것은 자연
이 환경을 파괴한 인간에게 주는 엄중한 응답이다.

과학기술의 눈부신 발전이나 급변하는 세계 정세는 우리가 살고 있는 지구의 회전 속도를 피부로 느끼게 해준다. 그리하여 우리는 뒤돌아볼 시간적 여유가 없고, 앞날은 점점 더 예측하기 어려워졌다. 보다 빨리, 보다 새롭고 편리한 것을 개발해내기 위한 기업 간의 경쟁, 시간을 다투는 정보 경쟁, 동료들과의 경쟁 등 이 모든 것에서 필수적인 요소는 신속함이다. 사람들의 삶을 편안하게 해주기 위한 노력은 오히려 사람들을 숨 가쁘게 몰아친다. 우리는 지금 스피드를 요하는 긴장과 불안의 시대에 살고 있는 것이다. 얼마나 역설적인가?

이러한 삶의 환경 속에서 사람이 불안과 공포를 느끼는 것은 어쩌면 당연한 것이 아닐까? 우리는 그 속에서 삶에 적응해나가야 한다.

사람들의 이상행동이나 부적응행동을 이해하는 데 있어서 불안과 공포는 핵심적인 개념이다. 그것은 이 시대를 살아가는 우리의 일상이기도 하다. 생존에 대한 기본적인 불안부터 직장 내 감원이나 입시 경쟁, 교통사고의 위협과 같은 일상의 스트레스 등 우리는 도처에서 불안을 느낀다. 언제나 무엇에 쫓기는 듯하고, 쉬는 동안에도 편히 쉬지 못하며, 치열한 경쟁 상황에서는 적자생존의 원리만이 통한다. 살아남느냐 밀려나느냐 하는 절박한 현실은 인류가 가꾸어온 여러 가지 덕목을 앞지르고 있다. 그리하여 우리의 심성 또한 황폐해지고 여유

롭게 생활하기가 쉽지 않다. 어쩌면 현대인의 불안장애는 이러한 시대상을 반영하는 것인지도 모른다.

이 책에서는 불안장애 중에서도 가장 격렬하고 극심한 불안장애라고 할 수 있는 공황장애panic disorder에 관한 심리학적 설명을 하고자 한다. 공황이라는 말은 강렬한 공포 상태를 나타내며, 제1차 세계대전 후에 찾아온 경제공황을 통해 널리 알려졌다. 정신의학에서 보는 공황장애는 불안장애의 한 유형이다. 현대인에게 공황장애는 점차 늘어가고 있는 추세이지만 아직까지 정확한 원인은 밝혀지지 않았다. 학자들은 생물학적 요인과 심리적 요인이 복합적으로 작용하여 공황장애가 유발된다고 보고 있다.

이 책은 공황장애를 보다 쉽게 이해하게 하고 그와 관련한 도움을 주기 위해 공황장애란 무엇이고, 왜 그런 장애가 생기는지, 그리고 어떻게 이를 극복할 수 있는지를 다루고 있다. 공황장애의 원인과 치료에 관한 접근은 생물학적인 접근과 심리학적인 접근이 있는데, 여기서는 심리학적인 측면에 초점을 두려 한다. 왜냐하면 생물학적 연구나 약물에 관한 내용은 저자의 한계를 넘어서는 것이고, 일반 독자 또한 쉽게 이해하기 어려울 것이기 때문이다. 따라서 주로 심리학 분야의 연구 결과와 치료방법을 중심으로 논의하도록 하겠다. ◆

2. 불안과 공포의 심리학

1) 감정의 힘

우리는 즐거우면 웃고 슬프면 운다. 화가 나면 다른 사람과 싸우기도 하고 두려울 때는 꼼짝 못하고 얼어붙거나 도망쳐 버린다. 웃고 우는 행동, 싸우거나 도망가는 것과 같은 인간의 행동을 일으키는 것은 감정이다. 다른 사람에게 어떤 감정을 가지고 있느냐에 따라 우리는 상대방을 공격할 수도 있고 때로 상대방을 위해 자기 목숨을 버리는 용감한 일도 할 수 있다. 이처럼 인간의 감정이란 행동을 불러일으키는 힘을 가지고 있으며, 그중에서도 공포는 행동을 유발하는 강력한 힘을 가지고 있다.

그러면 이런 감정들은 어떻게 생기는 것일까? 정서를 연구하는 학자들에 따르면 사람에게는 타고난 여덟 가지 기본 감

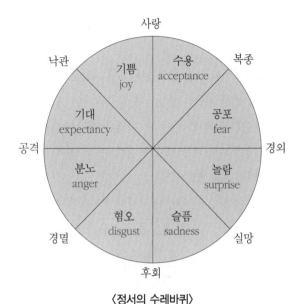

〈정서의 수레바퀴〉

정이 있다고 한다. 공포, 수용, 기쁨, 기대, 분노, 혐오, 슬픔, 놀람이 그것이다. 이 기본적인 감정들이 서로 섞여서 보다 다양한 감정을 만든다. 가령, 기쁨과 수용이 혼합될 때 사람들은 사랑이라는 감정을 느끼며, 놀람과 슬픔이 혼합될 때 실망을 느낀다.

우리가 정서적으로 풍부해질 수 있는 것은 다양한 감정을 느낄 수 있기 때문이다. 놀아도 즐거운 줄 모르고 사랑스러운 아기를 바라볼 때도 아무런 감정이 없는 사람을 한번 상상해

보라. 우리는 그의 삶이 얼마나 메마르고 기계적일지 쉽게 짐
작할 수 있다.

사람의 감정이란 물을 담고 있는 저수지와도 같다. 저수지
가 메말라버릴 때 논밭이 갈라지며, 홍수로 둑이 무너질 때 논
밭도 함께 휩쓸려 떠내려가듯이, 감정은 개인의 삶에 생명력
을 불어넣어 주기도 하고 때로는 질풍노도와 같이 우리의 삶
을 휩쓸어버릴 수도 있다.

사랑의 열병에 들뜬 사람이나 원한에 파묻혀 복수의 칼날
을 갈고 있는 사람, 극심한 불안과 공포에 사로잡혀 있는 사람
은 모두 감정의 소용돌이에 휘말려 있는 사람들이다. 이러한
소용돌이 속에서는 일상생활을 제대로 해나가기 어렵다. 특
히 불안이나 공포와 같은 부정적인 감정은 일상생활에 커다란
지장을 주고, 대인관계를 그르치며, 개인에게 많은 고통을 안
겨준다. 그러면 불안과 공포란 무엇이며, 어떤 기능을 지니고
있는지 살펴보기로 하자.

(1) 불안과 공포는 어떻게 다른가

공포는 사람이 타고나는 감정이다. 그것은 동물에 있어서
도 마찬가지다. 어떤 동물이 어떤 대상에게 공포를 느끼느냐
하는 것은 동물의 종류에 따라 다르다. 가령, 닭은 고양이 앞
에서 쥐와 같은 공포를 느끼지 않으며, 강아지는 참새만큼 솔

개를 두려워하지 않는다. 이처럼 각 동물은 저마다 타고난 공
포자극이 있다.

인간에게도 선천적으로 타고나는 공포자극이 있다. 어린
아기는 큰 소리에 두려움을 느끼고, 도심에 사는 현대인은 뱀
이나 어둠에 대해 원초적인 공포를 가지고 있다. 여기에 더해,
살아가면서 겪는 위험을 통해 인간은 불안과 공포를 학습한
다. 복잡한 도심에서 일어나는 교통사고나 폭력, 살인사건,
폭발 위험성을 안고 있는 작업장이나 길거리 공사장, 무너지
는 건물과 다리, 등굣길의 폭력배, 각종 질병에 대한 공포 등
은 이제 우리의 일상생활 깊숙이 들어와 자리 잡고 있는 두려
움의 원천이다. 두려움이 심해 고통스러울 때 우리는 그것을
공포라고 부르며, 공포의 정도가 심해서 일이나 생활에 지장
을 초래할 정도가 되면 이를 하나의 병으로 보고 '공포증'이라
부른다.

불안과 공포는 일반적으로 구체적인 대상이 있는지 여부에
따라 구분한다. 가령, 밀림 속에서 동물의 소리가 들리지만 그
것이 어떤 동물인지, 그리고 얼마나 멀리 있는지 모를 때는 불
안을 느낀다. 그러다가 막상 표범이 눈앞에 나타나 으르렁거
리면 공포를 느낀다. 이처럼 불안이란 무엇인가 확실치는 않
으나 위험이 곧 닥쳐오리라는 생각에 압도당해 긴장된 상태에
빠져 있는 것을 말한다. 불안한 상태에서는 막연한 두려움과

짜증을 느끼며, 초조하기 때문에 주의집중이 안 되고 어쩔 줄 몰라 한다. 반면에, 공포는 두려움의 대상이 뚜렷하기 때문에 이를 피할 수 있고, 공포의 대상이 사라지면 더 이상 지속되지 않는다는 특징을 가지고 있다. 그런 점에서 무엇을 피해야 할 지조차 모르는 불안과 구분된다.

일반적으로 그 대상이 모호한 불안은 매우 참기 힘들다. 모호한 대상에 대해 막연한 불안감을 갖기보다는 차라리 어떤 구체적인 대상을 두려워하는 것이 견디기 쉽다. 따라서 심리적인 측면에서 보다 견디기 쉬운 것을 선택하려는 일종의 타협이 이루어지며, 이러한 타협의 산물이 공포증이라고 볼 수 있다. 즉, 손에 잡히지 않는 막연한 불안을 엘리베이터나 높은 장소, 털이 난 동물 혹은 밀폐된 장소와 같은 구체적인 대상을 무서워하는 것으로 바꿔버리는 것이다. 그렇게 함으로써 이를 보다 쉽게 다루어나갈 수 있으며, 견디기 힘든 막연한 불안으로부터 벗어날 수 있다. 이렇게 보면 불안과 공포는 구체적인 대상이 있는지 여부로 구분되긴 하지만, 심리적인 측면에서는 결국 같은 뿌리를 가지고 있다고 볼 수 있다.

그러나 공포와 불안은 위험에 대한 인간의 기본적인 감정 반응이자 인류가 살아남을 수 있도록 지켜준 적응적인 측면을 지닌 감정이다. 사람은 특정한 감정을 느낄 때 그 감정에 맞는 행동을 한다. 예를 들어, 위험에 처하거나 두려움을 느낄 때 우리는 도망치거나 숨는 행동으로 목숨을 보전할 수 있다. 홍수로 무섭게 불어나 소용돌이치는 강물을 아무런 두려움 없이 건넌다면 어떻게 될까? 초보 운전자가 빙판길에서 전혀 불안을 느끼지 않으면서 운전을 한다면 어떻게 될까? 결국 공포와 불안은 인간에게 닥쳐올 위험을 미리 경고해줌으로써 이를 피할 수 있게 해주었다.

그렇지만 불안과 공포에 감사하고 싶은 마음을 지닌 사람은 없을 것이다. 왜냐하면 불안과 공포는 불쾌하고 고통스러운 감정이기 때문이다.

불안과 공포를 느낄 때는 감정적으로 혼란스러울 뿐만 아니라 신체적으로 다양한 생리적 반응이 수반되고, 집중력도 떨어지며, 행동도 불안정해진다. 따라서 일상생활이나 일에서 능률이 떨어지며, 불쾌한 감정 상태에서 신체적·정신적 고통을 느낀다. 이러한 상태가 지속되면 신체적인 장애와 더불어 심리적인 장애가 초래된다. 결국 불안과 공포는 우리의 생존을 보장해주는 보호 기능과 더불어 신체적·정신적 장애를 초래할 수 있는 역기능을 함께 가지고 있다고 볼 수 있다.

(2) 현실적 불안과 신경증적 불안

프로이트Freud는 정신분석 이론에서 불안을 2가지로 구분하고 있다. 하나는 현실적인 불안이고 다른 하나는 신경증적 불안이다. 현실적인 불안이란 순리적으로 이해할 만하며 분명히 외부에 위험이 존재할 때 느끼는 불안이다. 천재지변을 당한다든가 사방에서 포탄이 작렬하는 전투 상황에서 느끼는 불안이 그 예가 될 것이다. 어린아이는 어른이 전혀 무서워하지 않는 대상을 무서워할 수 있다. 어른에게는 별것 아니라도 아이에게는 자기 힘으로 감당할 수 없는 대상이 되기 때문이다. 이럴 때 아이가 느끼는 불안은 정상적인 불안이며, 자기의 생명을 보존하려는 자기보존 본능이라고 할 수 있다.

반면에, 신경증적 불안은 무의식적인 충동이 의식으로 뚫고 올라오려 할 때 느끼는 불안이다. 이 불안은 우리가 외면하고 싶어 하는 본능적인 욕구나 충동이 의식의 세계로 떠오르려 한다는 것을 알려주는 신호와 같은 역할을 하기 때문에 신호불안signal anxiety이라고도 부른다. 불안을 느낄 때 우리의 의식은 방어기제defense mechanism라고 불리는 모든 방법을 동원해 충동을 달래거나 억압하려고 한다. 방어기제가 불안을 억압하는 데 실패하면 불안이 지속되고 여러 가지 노이로제 증상이 나타날 수 있다. 예를 들어보자.

사람들이 많이 모이는 곳을 두려워하면서 극도로 외출을 꺼리는 30대 주부가 있었다. 그녀는 백화점은 물론 동창회 모임도 피했고, 가까운 가게에 물건을 사러 갈 때도 사람들이 뜸한 시간에 다녀오곤 하였다. 이 여성은 밖에 나가면 성폭행을 당할지 모른다는 두려움을 가지고 있었다. 그러나 그녀에게는 그런 경험뿐만 아니라 비슷한 경험조차 없던 터였다. 그렇다면 성폭행을 당할지도 모르기 때문에 외출하기가 두렵다는 그녀를 어떻게 이해해야 할까?

프로이트 식의 설명에 따르면, 그녀의 무의식 속에 잠재되어 있는 무의식적인 성적 욕망이 문제가 될 수 있다. 자신이 성적인 욕구를 가지고 있고, 길에서 남자를 보면 성적인 충동을 느낀다는 사실을 의식에서 용납할 수 없을 때 상당한 갈등이 야기된다. 이러한 갈등을 해결하는 한 가지 방법은 바람직하지 못한 충동을 자신이 가지고 있는 것이 아니라 다른 사람이 가지고 있다고 여기며 성충동을 불러일으킬 수 있는 대상을 두려워하는 것이다. 이것이 바로 투사라고 하는 방어기제다. 신경증적 불안이란 바로 이와 같은 것을 가리킨다. 우리가 억압하고 있는 무의식적 욕망이나 충동이 겉으로 나타날 위험이 있을 때 보이는 비정상적인 불안반응인 셈이다.

결국 불안이나 공포는 다양한 모습으로 나타나며, 혈당검사 결과처럼 어디까지가 정상이고 어디부터가 병적인지 딱 잘라 말할 수 없다. 때로는 나이 든 가장이 승진 시험을 앞두고 밤새워 공부하는 것처럼, 사람들은 견딜 수 있을 만한 불안이 있을 때 오히려 더 분발할 수 있다. 불안이나 공포가 정상적인 것인지의 여부는 우선 불안이나 공포가 현실적으로 납득할 만한 반응인지와 그 정도가 적절한지에 달려 있다. 실제로 위험한 상황이라면 불안이나 공포를 느끼는 것이 당연하다. 그리고 다음은 불안에 대처하는 개인의 능력이다. 불안으로 인해서 그 사람이 얼마나 지장을 받는지에 따라 그 불안이 정상적인 불안이 될 수도 있고 비정상적인 불안이 될 수도 있다. 이것은 마치 같은 망치로 똑같은 힘을 가해도 받침대가 단단하면 부서지지 않지만 받침대가 엉성하면 쉽게 부서지는 이치와 같다고 할 것이다.

2) 불안과 공포의 특성

(1) 생리적 특성

① 싸울 것인가, 도망칠 것인가

불안하거나 공포에 질려 있을 때는 여러 가지 생리적 변화가 일어나는데, 이러한 변화는 사람에 따라 다르다. 어떤 사람은 근육이 긴장되어 뒷목이 뻣뻣해지는가 하면, 어떤 사람은 가슴이 두근거린다. 그러나 전체적으로 혈압이 상승하고, 호흡과 맥박이 빨라지며, 땀이 나는 것과 같은 생리적 각성 상태

가 일어난다. 이 상태는 자율신경계 중 교감신경계가 활성화
되어 위급한 상황에 대처할 수 있도록 우리 몸을 준비시키는
것이다.

교감신경계가 활성화되면 주변을 보다 잘 살펴볼 수 있도
록 동공이 확대되고, 체내에 더 많은 산소를 공급하기 위해 호
흡이 빨라진다. 또한 혈액 공급량을 늘리기 위해 심장박동이
빨라진다. 이때 응급 상황에 대처할 수 있는 기관인 근육과 뇌
의 혈액 공급량은 늘어나고, 피부나 말초기관 혹은 내장과 같
이 응급 상황을 타개하는 데 그다지 도움이 되지 않는 기관으
로 가는 혈액 공급량은 줄어들기 때문에 얼굴이 창백해 보이
고 소화가 잘 안 된다. 또한 체온을 식히기 위해 몸에서는 땀
이 난다. 이 모든 신체적 변화는 위험에 맞서 싸우거나 재빨리
도망칠 수 있는 최적의 몸 상태를 만들어줌으로써 위험으로부
터 자신을 보호하게 한다.

② 무서워서 도망가는가, 도망가다 보니 무서운가
사람이 위험을 감지하면 위험에 맞서 싸울 것인지, 아니면
도망칠 것인지fight-flight reaction를 판단한 후 응급 상황에서 벗어
날 태세를 갖춘다. 이것은 마치 공습경보가 내려졌을 때 일상
적인 활동을 멈추고 신속하게 대처할 수 있는 체제로 이동하
는 것과 같다. 그러다가 위험에서 벗어나면 공습경보가 해제

되듯이 우리 몸은 다시 원래의 상태로 돌아간다.

　그렇다면 우리가 불안이나 공포를 느껴서 이러한 변화가 생기는 것일까, 아니면 이러한 변화가 생기면서 불안이나 공포를 경험하는 것일까? 당신은 무서워서 도망가는가, 아니면 도망가다 보니 무서운가? 대부분의 사람은 무서워서 도망간다고 대답할 것이다. 그러나 이에 대한 대답은 그렇게 간단하지 않다.

　흥미롭게도 제임스James와 랑에Lange는 우리의 통상적인 생각과는 정반대의 주장을 내놓았다. 즉, 위험을 만나면 몸속에서 생리적인 변화가 먼저 일어나고, 그 변화를 알아차리게 됨으로써 무섭다거나 기쁘다는 정서를 경험한다는 것이다. 생각해보자. 혼자 골목길을 빠른 걸음으로 걷다 보면 무섭고, 그래서 뛰다 보면 정말 누가 쫓아오는 것 같은 공포를 느낀 경험이 있을 것이다. 또 아이를 야단치다 보면 점점 더 화가 나고, 울다 제 설움에 겨워 더 슬퍼지는 경우도 있다. 이런 체험을 통해 보면 우리가 자율신경계의 흥분으로 인해 생기는 몸의 변화를 알아차림으로써 정서를 느끼게 된다는 제임스와 랑에의 주장이 맞는 것도 같다.

　하지만 캐논Cannon은 제임스와 랑에의 주장이 틀렸다는 증거를 제시하면서 이들의 주장에 대해 반박했다. 캐논의 실험에 따르면, 신체반응이 뇌로 전달되는 통로인 척수 윗부분을 절단해서 신체적 변화에 대한 정보가 뇌로 전혀 전달되지 않는 개에게서도 정서반응은 손상되지 않았다. 또한 사람들에게 약물을 써서 특정한 정서를 느끼게 하는 생리적 상태를 만들어도 그 정서는 일어나지 않았다. 그리고 우리가 위험을 만나면 즉각적으로 공포를 느끼기 때문에, 그보다 반응이 느린 신체적 변화를 알아챈 다음 정서를 느낀다는 주장은 옳지 않다고 보았다.

물론 사람들이 행복이나 놀람과 같은 정서보다 분노나 공포를 느낄 때 심장박동이 더 빨라지고, 공포나 슬픔을 느낄 때보다 분노를 느낄 때 체온이 더 상승한다는 연구결과도 있지만, 인간의 다양한 정서를 신체반응의 차이로 모두 설명할 수는 없다. 결론적으로 캐논은 인간의 뇌 안에 정서를 조절하는 중추가 따로 있다고 믿었으며, 주변의 자극을 받아들이는 과정에서 정서를 조절하는 중추가 흥분하게 되면 정서를 느끼는 동시에 이에 상응하는 신체적인 반응도 나타난다고 주장하였다.

(2) 심리적 특성

① 한밤중의 쿵 소리

불안을 느낄 때 우리는 스스로를 진정시키려고 애쓴다. 또한 나만 그런 것이 아니라 다른 사람들도 똑같이 불안하게 느끼는 상황이라는 것을 알면 다소 안도감을 느낀다. 이러한 사실은 우리가 그 상황을 어떻게 생각하느냐에 따라 불안이 줄어들 수 있다는 것과 정서 경험에는 인지적인 요소가 포함되어 있다는 것을 의미한다. 마음먹기에 따라서 정서 경험이 달라질 수 있다는 것은 인간의 감정이 사고의 영향을 받는다는 사실을 단적으로 보여준다. 한 가지 예를 들어보자.

만일 가족이 모두 외출한 어느 날 저녁에 혼자 집을 보고 있다고 가정해보자. 한밤중에 2층에서 쿵 소리가 났다. 당신은 이 소리를 듣고 즉각 도둑이 들었다고 생각했다. 그다음에는 어떻게 될까? 아마 갑자기 가슴이 두근거리고 무서워서 벌벌 떨 것이다. 조금 용감한 사람이라면 방망이를 찾아 들고 2층으로 올라가거나 얼른 전화로 경찰에 신고할 것이다. 그러나 만일 이 소리를 낮에 햇볕을 쪼이려고 창턱에 올려놓았던 화분이 떨어져 깨지는 소리라고 생각했다면 당신의 반응은 전혀 달라질 것이다. 화분이 깨졌는데 가슴이 두근거리거나 무서워 벌벌 떨며 몽둥이를 들고 깨진 화분이 있는 곳으로 가는 사람은 없을 것이기 때문이다.

분명한 사건은 쿵 소리뿐이었는데 왜 이렇게 몸에서 일어나는 변화가 다르고 감정도 다르게 느껴지는 것일까? 결국 이러한 차이는 당신이 쿵 소리를 도둑으로 생각했느냐 아니면 화분이 깨진 것으로 생각했느냐에 따라 생긴 것이다. 즉, 인간의 감정 경험은 생리적 반응과 그것에 대한 생각에 의해 영향을 받는다고 볼 수 있다.

② 생각하기 나름

심리학자인 샤흐터Schachter와 싱어Singer는 인간의 정서는 생리적인 흥분과 인지적인 해석으로 이루어졌다는 것을 실험을 통해 밝혔다. 즉, 인간은 신체 내부의 생리적인 흥분 상태를 어떻게 해석하느냐에 따라 각각 다른 감정을 느낀다는 것이다.

이들은 대학생을 두 집단으로 나누어 한 집단에게는 아무런 신체적 변화를 가져오지 않는 생리식염수를 주사하고, 다른 집단에게는 교감신경계를 자극하여 신체적으로 흥분된 상태를 만드는 약물을 주사하였다. 그러고 나서 흥분시키는 주사를 맞은 집단을 다시 반으로 나누었다. 그리고 그중 한 집단에게는 '이 주사를 맞으면 생리적으로 흥분되기 때문에 신체적으로 이런저런 변화가 생긴다'는 것을 정확하게 알려주었으며, 나머지 절반에게는 아무런 설명도 해주지 않았다. 그런다음 이 사람들을 여러 사람이 모여 유쾌하게 이야기를 나누고 있는 방과 서로 다투며 화를 내고 있는 사람들이 있는 방 중 어느 한쪽에 들어가서 기다리게 하였다.

잠시 후 연구자는 주사를 맞은 사람들에게 자신의 현재 기분이 어떤지 적어보라고 하였다. 그 결과 흥분되는 주사를 맞고 아무런 설명도 듣지 않은 상태에서 유쾌한 방에 들어갔던 참가자들은 자신의 정서 상태를 유쾌하다고 적었다. 반면에, 화를 내고 있는 사람들이 있는 방에 들어갔던 참가자들은 불쾌하다고 적었다. 그러나 생리식염수 주사를 맞아 신체적으로 흥분되지 않았거나, 흥분시키는 주사를 맞았다는 사실을 미리 알고 있었던 사람들은 특별히 유쾌하거나 불쾌하다고 보고하지 않았다. 이 결과는 사람들이 똑같은 주사를 맞고 똑같은 신체적 변화를 느꼈지만 그 상태를 어떻게 해석했느냐에 따라 다른 정서를 경험한다는 것을 보여준다.

③ 가짜 진통제의 효과

이런 연구결과를 치료에 응용한 경우를 보자. 한 연구에서는 불면증 치료를 받으러 찾아온 사람들에게 조그만 알약을 주고 그 약을 먹으면 머리가 맑아지는 효과가 있기 때문에 잠이 안 올 수도 있다고 설명해주었다. 그러나 실제로 그 알약은 아무런 효과도 없는 것이었다. 그렇게 며칠 동안 약을 먹다가 끊게 했다. 그랬더니 놀랍게도 사람들의 불면 증상이 개선되었다. 실제 약효와는 상관없이 불면 증상이 호전된 것이다. 어떻게 해서 이런 효과가 나타났을까? 사람들은 자신이 며칠간

잠을 못 이룬 것이 그 알약 때문이라고 생각했기에 불면의 원
인이 되었던 알약을 끊은 다음에는 잠을 못 잘 이유가 없어졌
던 것이다. 이것은 잠이 오지 않는 까닭을 무엇이라고 생각했
는지에 따라 수면 상태에 영향을 받았다는 의미다. 즉, 불면증
의 원인에 대한 생각을 바꾸어줌으로써 불면증을 치료했던 것
이다.

이러한 치료법은 최근 다양한 심리적 장애에 두루 적용되
어 좋은 치료 효과를 얻고 있는 인지치료의 하나라고 볼 수 있
다. 병원에서는 수술 후 통증을 가라앉히기 위해 진통제를 주
사하지만, 의존성이 생길까 봐 환자가 원하는 만큼 자주 놓아
주지 않는다. 통증을 호소하며 진통제를 원하는 환자의 요구
와 진통제의 부작용을 염려하는 의료진 간에 훌륭한 중재 역
할을 하는 것이 바로 위약placebo이라고 부르는 가짜 진통제다.
환자들에게 진통제가 아닌 생리식염수를 주사하고 잠시 통증
을 가라앉히는 것을 병원이나 영화 장면에서 흔히 볼 수 있다.
이 가짜 진통제는 신체적인 통증보다 마음의 통증을 가라앉혀
주는 심리적인 진통 완화 효과를 가지고 있다. 이것은 곧 환자
의 마음가짐, 즉 자신이 진통제를 맞았으니 이제 통증이 가라
앉을 것이라는 생각에 의해 통증이 완화되는 것을 보여주는
증거다.

이런 일은 일상생활에서도 흔히 경험한다. "세상만사 마

음먹기 달렸다"는 말이 있다. 똑같은 처지를 두고도 그것을
어떻게 해석하는가에 따라 절망하거나 공포에 빠질 수 있는
가 하면, 그것을 있을 수 있는 실수로 여기고 다음에는 같은
실수를 저지르지 않기 위해 무언가를 해야겠다고 다짐할 수
도 있는 것이다. 이 두 경우에 느끼는 감정과 그에 따르는 행
동은 분명히 차이가 있다. ◆

3. 불안장애

　보통사람들은 살아가면서 불안과 공포를 느끼지 않는 것일까? 불안장애나 공황장애를 가진 사람만이 공포를 경험하는 것일까? 물론 그렇지 않다. 우리는 경험을 통해 누구나 불안과 공포를 느끼며 살아간다는 것을 알고 있다. 우리는 어려서부터 커다란 짐승이나 낯선 대상과 어둠을 무서워했고, 불량배를 두려워했으며, 도둑과 강도 및 사고에 대한 두려움, 나아가 질병과 죽음에 대한 두려움까지 수많은 대상에 대해 불안과 공포를 가지고 살아가고 있다. 우리는 어떤 사람을 가리켜 겁이 없는 사람이라고 하고, 또 어떤 사람을 가리켜 겁쟁이라고 부른다. 여기서 알 수 있듯이 두려움을 느끼는 정도는 사람마다 다르다. 그렇다면 불안이나 공포는 어디까지가 정상이고 어디서부터가 병적인 것일까?

1) 불안이라는 말의 의미

불안하다는 말은 지금 우리에게 너무나 일상적인 말이 되었다. 불안은 금세기 사상가들이나 심리학자들의 중요한 관심사이며, 수많은 소설이나 영화에서 불안한 시대에 살고 있는 인간의 심리를 그려내고 있다. 불안이라는 개념이 인간의 여러 행동을 설명해주는 중요한 요인으로 떠오르기까지는 누구보다도 프로이트의 공이 컸다. 프로이트는 노이로제를 설명하는 핵심적인 개념으로 '불안'이라는 단어를 사용했다. 프로이트 이전에는 지금 우리가 불안이라고 부르는 것이 신경쇠약에 포함되어 있었다. 신경쇠약이란 만성적인 불안을 주 증상으로 하여, 신체적으로 무기력하고 피곤하며, 우울증이 가미되어 점점 몸이 쇠약해지는 것을 말한다.

그러다가 프로이트가 그의 정신분석학설에서 성욕이라든지 공격성과 같은 무의식에 들어 있는 인간의 원초적인 본능이 그대로 의식에 떠오르려고 할 때 자아가 느끼는 것이 불안이라고 설명하면서 불안이라는 개념이 신경쇠약으로부터 떨어져 나왔다. 프로이트는 불안이라는 개념을 바탕으로 많은 노이로제 환자를 치료하면서 실제로 노이로제 증상이 개선되는 것을 보고했다. 비록 그의 연구가 실제로 생존에 위협이 되는 외부의 위험요인과 사회문화적 요인의 영향을 간과하기는

했지만, 불안을 이상행동의 기저 원인으로 파악했다는 데서 큰 의의를 갖는다.

불안은 팔뚝에 난 종기나 머리에 있는 혹처럼 실제로 존재하는 것이 아니다. 그렇기 때문에 구체적으로 관찰할 수도 없고 만져볼 수도 없다. 똑같이 불안한 상황에 빠졌다 할지라도 모든 사람이 불안에 대해 같은 반응을 보이는 것도 아니다. 따라서 불안이란 이런 것이고 저런 모습으로 나타나는 것이라고 딱 잘라 말하기 어렵다. 그러므로 자연히 불안에 대한 학자들의 정의도 다양했고, 불안을 치료하기 위한 치료방식도 다양했다.

프로이트가 불안을 표현하기 위해 사용한 단어는 독일어로 'Angst'였다. 이 단어는 영어로 마땅히 번역할 말이 없어 불안anxiety이라고 번역되어 오늘날까지 사용하고 있지만, 실제로 프로이트가 사용했던 의미와는 다르다. 그가 말한 불안이란 두려움dread과 비슷하며, 경우에 따라서는 공포증phobia, 경악fright, 공황panic 또는 염려apprehension라는 의미로도 사용되었다. 독일어 'angst'는 대상이 없는 두려움을 가리키지만, 영어 'anxiety'는 대상이 있는 두려움을 가리키는 말이며, 고뇌anguish나 분노anger와 동일한 어원을 가지고 있다. 이처럼 불안은 확실하게 정의하기 어려운 개념이다.

심리적인 측면에서 볼 때 어떤 상황에서 공포나 위험을 느긴다면, 이러한 상황과 공포반응 사이를 매개하는 내적인 과정을 가정할 수 있다. 예컨대, 밀림 속에서 짐승이 으르렁거리는 소리를 들은 다음 하얗게 질려 도망가기까지의 중간 과정을 이끌어가는 것이 바로 불안이라고 할 수 있다.

현대 심리학에서는 불안을 불쾌한 정서 중의 하나로 규정한다. 그 안에는 인지적 요소와 생리적 요소 그리고 행동적 요소가 포함되어 있다.

불안의 인지적 요소는 우선 두려움에서 생기는 여러 가지 생각, 가령 '나는 이제 끝장이다'라든가 '더 이상 빠져나갈 길이 없다'는 절박한 생각이나 태도다. 이러한 인지적 요소를 갖추고 있기 때문에 우리는 자신이 얼마나 불안한지 표현할 수 있으며, 여러 가지 심리검사를 통해 불안한 정도를 잴 수 있다. 두 번째 요소는 교감신경계의 흥분으로 야기된 신체반응이다. 세 번째 행동적 요소는 구체적으로 관찰 가능한 불안에 대한 반응이라고 볼 수 있다. 얼굴이 굳어지거나 창백해지는 것, 앉았다 일어섰다 하면서 안절부절못하거나 초조해하면서 줄담배를 피우는 행동이 그 예다.

2) 불안의 여러 얼굴

불안이나 공포는 여러 가지 반응이 섞여 있는 복합적인 반응이다. 얼어붙는다든지 도망치는 것과 같이 행동으로 나타나는 반응이 있는가 하면, 내면적으로 느껴지는 두려움과 여기에 수반되는 여러 가지 생각, 그리고 가슴이 두근거리고 진땀이 나거나 소름이 끼치는 것과 같은 신체반응이 거의 동시에 나타난다.

이러한 반응들 중 일부는 타고난 본성이고 일부는 후천적으로 생긴다. 그런 만큼 사람이 두려움을 경험하는 양상도 천태만상이다. 그것은 공포를 느끼게 하는 자극이 무엇인지, 그 사람이 어떤 상황에서 이런 자극과 맞닥뜨리고 있는지, 또 그 사람이 심리적으로 탄탄한 사람인지 무른 사람인지, 예민한 사람인지 둔한 사람인지 등에 따라 달라지기 때문이다.

여기서 불안과 공포를 나타내는 용어들을 잠깐 살펴보고 넘어가자. 이 용어들 사이에는 중첩되는 부분이 있는가 하면 구분되는 특징도 있다. 이것은 실제로 인간의 감정이 노란색과 빨간색처럼 분명히 구분되는 성질을 가지고 있지 않기 때문에 생기는 어려움이기도 하다.

(1) 공포와 불안

공포fear는 현실적인 위험이나 구체적인 위협에 직면했을 때 느끼는 불쾌한 감정이고, 불안은 구체적인 대상이 없는 두려움을 가리킨다는 것은 전술한 바와 같다. 그러나 보통 불안

에 대한 생리적 반응은 공포를 느낄 때의 생리적 반응과 잘 구
별되지 않으며, 주관적으로도 비슷한 느낌을 경험한다. 인지
적 과정이 우세한지 감정적 과정이 우세한지를 기준으로 불
안과 공포를 구분하기도 하지만 그 기준점을 설정하기는 어
렵다.

분명한 차이점이라면, 공포가 현재 자신이 처한 위험이나
위협에 대한 현실적인 두려움인 반면, 불안은 앞으로 다가올
막연한 위협에 대한 두려움을 포함하는 개념이라는 점이다.
또한 공포는 불안에 비해 상대적으로 즉각적인 감정반응이라
는 차이점이 있다.

(2) 공포증적 불안과 공황

공포증적 불안phobic anxiety이란 공포증을 가지고 있는 사람
이 자기가 두려워하는 상황이나 대상을 접했을 때, 혹은 그런
상황이 임박해오거나 그런 상황을 상상할 때 느끼는 불안을
말한다. 예를 들어, 개 공포증이 있는 사람이 멀리서 다가오는
개를 보았을 때 갖는 불안이 공포증적 불안이다.

공황panic이란 강렬하고도 극심한 공포가 갑자기 밀려오는
것을 말하며, 흔히 공황발작panic attack이라고 한다. 공황발작
이 오면 극도의 공포에 질려 필사적으로 그 상태에서 벗어나
려고 하지만, 완전히 무기력해지고 곧 심장마비가 오거나 죽

을 것 같은 생각이 든다. 하지만 혼자 힘으로는 꼼짝하기도 어렵기 때문에 응급실에 실려 오거나 긴급구조 요청을 하게 된다.

(3) 예기불안

사람들이 항상 눈앞에 펼쳐진 현재만 보고 사는 것은 아니다. 앞날을 예견하고 계획을 세우며, 이에 따라 현재의 행동이 달라지기도 한다. 불안이나 공포 역시 그렇다. 큰 시험을 앞두고 있는 사람이 시험 당일에만 불안한 것은 아니다. 비행기 공포증이 있는 사람이라면 언제 있을지 모르는 해외 출장에 대해 불안을 느낄 것이며, 자연파괴나 환경오염, 생태계의 변이와 같은 것은 인류에게 미래에 닥쳐올 재앙에 대한 막연한 불안감을 선사한다. 공황발작을 경험한 사람이라면 과거에 공황발작을 일으켰던 것과 비슷한 상황이 오면 또다시 공황발작이 오지 않을까 하는 두려움에 빠지는 경우가 흔하다. 또한 특정한 대상에 대한 공포증을 가지고 있는 사람은 자신이 두려워하는 대상에 또다시 노출될까 봐 불안해한다. 이런 경우를 가리켜 예기불안anticipatory anxiety이라고 한다.

(4) 상태불안과 특성불안

심리학자인 스필버거Spielberger는 우리가 경험하는 불안을 상태불안state anxiety과 특성불안trait anxiety으로 구분하였다. 상태불안이란 말 그대로 일시적인 불안, 즉 불안한 상태를 가리킨다. 반면에, 특성불안은 그 사람의 성격처럼 언제나 내면에 존재하고 있는 불안한 특성이다. 큰 수술을 앞두고 있는 환자는 수술 전에 조마조마하고 불안하다. 그러나 이런 불안은 수술이 끝나면 사라진다. 이처럼 상태불안은 일시적이고, 그 강도가 변하며, 시간에 따라 변동을 보인다. 그리고 위협이 있는 상황에서 언제나 발생한다.

그러나 상황을 가리지 않고 남들보다 유난히 더 불안해하는 사람이 있다. 이 사람은 특성불안이 높은 사람이다. 특성불안은 객관적으로 위험이 없는 상황이라 하더라도 위험하다고 생각하게 만드는 개인적인 성향으로 성격특성에 가깝다고 할 수 있다. ◆

4. 공황의 정체

1) 공황과 공황장애

공황은 신화에 나오는 목신 판Pan의 이름에서 유래되었다. 양들의 신인 판은 위엄을 갖춘 제우스나 수려한 외모를 지닌 금발의 아폴론, 미의 여신 아프로디테 등과는 달리 짐승의 모습에 가까웠다. 머리와 하반신은 산양의 모습을 하고 있었으며, 곱슬곱슬한 머리털과 그 머리 위의 뿔, 그리고 2개로 쩍 갈라진 양의 발톱 등 흉한 외모는 그가 태어나자마자 주변을 놀라게 하였다. 판의 어머니도 괴상한 아기의 모습을 보고 너무 놀라 낳자마자 판을 버렸다. 그리하여 판은 님프들이 키웠다고 한다.

판은 양과 소의 번식을 관장하는 목동의 신이었고, 음악적인 재능이 뛰어나 아폴론과 피리로 대결을 벌이기도 했지만 외모만큼이나 무서운 신으로 알려져 있기도 하다. 판은 특히 잠을 방해하면 참을 수 없을 만큼 분노했다. 제우스를 비롯한 올림퍼스의 신들이 그들 이전에 세상을 지배하던 거인 티탄족과 일대 전쟁을 벌여 거인족을 몰아내고 올림퍼스에 새로운 나라를 건립할 때, 판은 엄청나게 큰 소리를 내어 거인족을 공포에 떨게 만든 장본인이었다. 신화에는 이를 가리켜 '거인족이 공황 상태에 빠졌다'라고 기록하고 있다. 중세 악마의 이미지는 판의 이러한 외모와 속성에 토대를 두고 만들어졌다고 한다. 이러한 유래를 통해 볼 수 있듯이, 공황이란 말은 극심한 공포 상태를 가리킨다.

(1) 공황장애 진단의 역사

정신과 영역에서 처음으로 공황장애 진단을 내리기 위한 체계적 기틀을 마련한 것은 1952년 미국에서였다. 그 이전까지는 프로이트의 정신분석 이론에 토대를 두고 불안신경증anxiety neurosis이라는 용어를 두루 사용했다. 정신분석 이론에서는 불안신경증을 기본적인 노이로제로 보았는데, 불안신경증이란 자아가 무의식적인 충동을 제대로 억압하지 못했을 때 생기는 심리적 갈등 상태로서, 불안이 주 증상으로 나타나는 신경증이다.

이후 미국정신의학회는 1952년에 정신과적 진단을 내리기 위한 『정신장애의 진단 및 통계 편람DSM』을 발간하였다.
여기서는 종전에 불안신경증이라고 불렀던 것을 불안반응
과 공포반응이라는 개념으로 구분해놓았다. 그 후 1968년
에 발간된 DSM-II에서는 정신병과 신경증을 따로 구분하
고 신경증을 다시 9가지로 구분했는데, 그중 하나가 불안
신경증이었다. 1980년에 나온 DSM-III는 전 세계적으로
이루어진 대대적인 조사를 토대로 발간되었다. 여기서는
불안을 주 증상으로 하는 모든 정신장애를 불안장애라는
큰 제목 안에 포함하였으며, 공황발작이라든가 공황장애
라는 독자적인 진단명이 처음 생긴 것도 이때였다. 7년 뒤
인 1987년에 발행된 DSM III-R에서는 공황발작이 있었느
냐 없었느냐가 불안장애의 각 유형을 구분하는 중요한 기준
으로 부각되었다. 그 후 1994년에 발행된 DSM-IV에서는
공황장애와 공황발작을 분명하게 구분하고 있고, 2013년에
나온 DSM-5에서는 공황장애를 DSM-IV와 마찬가지로 불
안장애 범주의 하위유형으로 분류한다. 그러나 공황장애
와 더불어 사람들이 많은 장소에 대한 공포증상광장공포증,
agoraphobia을 수반하는지 여부를 표기했던 DSM-IV와 달리
DSM-5에서는 공황장애와 광장공포증을 각각 독립된 장애
로 진단한다는 차이점이 있다. 그 이유는 광장공포증을 가
지고 있는 사람 중 공황장애가 없는 경우가 많기 때문이다.

공황장애와 광장공포증이 함께 있는 경우에는 2가지 진단을 다 받게 된다.

정신의학 분야에서 공황장애와 관련된 진단 범주 및 불안장애에 관한 개념의 변천사를 보면, 공황장애는 신경쇠약에서 불안신경증으로, 그다음에는 불안반응으로 분류되었다. 그 후 다시 불안신경증으로 분류되었다가 1980년에 이르러 공황장애라는 독자적인 진단 명칭을 얻게 된 뒤 그 중요성이 강조되면서 지금에 이르고 있다.

(2) 공황발작의 진단기준

공황장애가 있는 사람에게 급박하고도 강렬하게 엄습해오는 공포를 공황발작이라고 한다. 공황발작은 공황장애와 다른 불안장애를 구분하는 특징적인 증상이다. 공황발작이 오면 신체적인 공포반응이 나타나고 이와 더불어 독특한 인지 증상들이 나타난다. 가령, 숨 쉴 때 답답하고 가슴이 두근거릴 때는 곧 질식해서 죽거나 심장마비가 올 것 같다는 파국적인 생각이 든다. 이런 생각은 불안을 더욱 가중시키기 때문에 결국 신체 증상이 가속화되는 악순환에 빠지게 된다.

DSM-5(2013)의 진단기준에 따르면 공황발작은 갑작스럽고 극심한 두려움과 염려, 공포감이 불규칙하게 엄습하는 것으로, 곧 죽을 것 같은 느낌을 동반한다. 발작이 일어나는 동

안에는 숨이 가쁘고 심장이 마구 뛰며, 가슴이 아프거나 답답
하게 조이는 느낌이 들고, 질식할 것 같은 느낌, 미쳐버리거나
자제력을 상실해버릴 것 같은 두려움과 죽음에 대한 공포가
나타난다. 공황 증상은 생리적인 공포반응과 여기에 수반되

 공황발작의 진단기준 (DSM-5; APA, 2013)

갑작스러운 강렬한 공포나 불편감이 엄습해 수분 이내에 그
절정에 달하며, 그동안 다음에 제시된 증상들 중 4개 이상의
증상이 나타난다.

1. 심계항진: 가슴이 심하게 두근거리고 심박이 빨라짐
2. 진땀
3. 떨림이나 전율
4. 숨이 가쁘고 숨이 막히는 느낌
5. 질식감
6. 가슴 통증이나 불편감
7. 속이 메스껍거나 거북함
8. 어지럽고 몽롱하거나 기절할 것 같은 느낌
9. 오한이나 열감
10. 마비감: 감각이 둔해지거나 저리는 느낌
11. 비현실감이나 자기 자신과 분리된 듯한 이인감
12. '미쳐버릴 것 같은' 혹은 통제력 상실에 대한 공포
13. 죽을 것 같은 공포

는 특유의 파국적인 생각을 포함하고 있다. 증상의 종류나 정도에는 개인차가 있지만, 주요 증상은 동서양을 막론하고 크게 다르지 않다.

2) 공황발작의 현상학

저자가 우리나라 사람들의 공황 증상을 조사한 결과, 표에 제시된 것과 같이 공황발작 중 가장 많이 경험하는 증상은 심장이 두근거리는 것(93%), 현기증(83%), 호흡 곤란(73%), 죽음에 대한 공포(70%), 사지의 감각마비나 저림(70%) 순이었다. 그리고 공황발작의 진단기준이 되는 증상들 중 메스껍거나 속이 거북함, 비현실감을 제외한 나머지 증상들은 공황발작이 있을 때 환자의 절반 이상이 경험하는 흔한 증상으로 나타났다.

다음의 표에 있는 증상들 중 4가지 이상의 증상이 있을 때 공황발작으로 진단한다는 진단기준에 비추어보면, 우리나라 공황장애 환자는 공황발작 시 평균 6개에서 10개 정도의 증상을 경험하는 것으로 보고되고 있어 진단기준보다 많은 증상을 경험한다는 것을 알 수 있다.

또한 우리나라 사람들의 공황 증상 순위를 살펴볼 수 있었다. 공황 증상 순위는 공황발작 시 그 증상을 경험하는

◆ **우리나라 환자들의 공황 증상의 빈도와 평균 강도**

증 상	사례수(%)	평균 강도
1. 가슴이 두근거린다.	37(93)	2.61
2. 어지럽고 현기증이 난다.	33(83)	1.92
3. 숨이 가쁘다.	29(73)	2.61
4. 죽을 것 같다.	28(70)	2.71
5. 팔다리가 저리다.	28(70)	2.52
6. 기절할 것 같다.	27(68)	2.40
7. 온몸이 떨린다.	27(68)	2.05
8. 화끈거리거나 손발이 차다.	25(63)	2.84
9. 질식할 것 같다.	24(60)	2.50
10. 가슴이 답답하게 조여든다.	24(60)	2.33
11. 미칠 것 같아, 혹은 자제력을 잃을 것 같아 두렵다.	21(53)	2.88
12. 땀이 난다.	20(50)	2.20
13. 내가 혹은 내 주위가 이상하게 변한 것 같다.	13(33)	2.40
14. 메스껍거나 속이 거북하다.	5(13)	2.00

출처: 박현순(1996).

사람이 얼마나 많은지, 그리고 그 증상의 정도가 얼마나 심각한지를 평가해서 얻은 점수다. 이와 같은 절차를 거쳐 산출된 외국의 자료도 함께 제시되어 있는데, 외국 사람들과 우리나라 사람들의 공황 증상 순위를 비교해보면 공통점과 차이점이 눈에 띈다. 우선 차이점을 살펴보자.

첫째, 우리나라 환자의 70%가 공황발작이 있을 때 사지의 감각이 마비되거나 저리다는 경험을 보고함으로써 이 증상이

◆ **공황 증상 순위**

증 상	박	Barlow	Ley
1. 가슴이 두근거린다.	1	1	3
2. 죽을 것 같다.	2	2	1
3. 숨이 가쁘다.	3	5	4
4. 화끈거리거나 손발이 차다.	4	5	6
5. 팔다리가 저리다.	5	13	13
6. 기절할 것 같다.	6	8	10
7. 어지럽고 현기증이 난다.	7	3	8
8. 질식할 것 같다.	8	10	12
9. 가슴이 답답하게 조여든다.	9	11	11
10. 온몸이 떨린다.	10	7	2
11. 미치거나 자제력을 잃을까 두렵다.	11	4	6
12. 땀이 난다.	12	9	8
13. 내가 혹은 내 주위가 이상하게 변한 것 같다.	13	12	5

출처: 박현순(1996).

5위에 해당하는 반면, 외국의 연구에서는 최하위를 차지하고
있다. 둘째, 온몸이 떨리는 증상은 우리나라 환자 40명 중 27명
(67%)이 경험한다고 보고하여 빈도에서는 6위에 해당되었으
나 증상의 강도가 약해(12위) 이 2가지를 함께 고려한 순위는
10위였다. 반면에, 외국 사람들에게 이 증상은 2위나 7위를
차지하고 있는 중요한 증상이었다. 셋째, 미쳐버리거나 자제
력을 잃을까 봐 두렵다는 통제력 상실에 대한 공포가 외국의
자료에서는 각각 4위와 6위에 해당되고 있으나, 우리나라 사

람의 증상 서열에서는 11위였다.

앞서 언급한 차이점을 제외하면 공황발작이 왔을 때 가슴이 두근거리거나 숨이 가쁘고 죽을 것 같은 공포감은 동서양을 막론하고 대다수가 겪는 증상으로서, 공황발작의 핵심 증상은 문화권에 따라 큰 차이가 없다는 사실을 확인할 수 있다.

(1) 첫 공황발작

첫 공황발작은 대개 피로하거나 흥분한 상태, 성행위 직후 혹은 정서적으로 충격적인 일이나 스트레스 사건 다음에 오지만, 아무 까닭 없이 자연스럽게 나타나기도 한다. 처음 공황발작을 경험한 장소나 상황, 전후의 스트레스 사건 등은 공황장애의 경과 및 회피행동과 밀접하게 관련된다. 공황장애가 지속되면 회피행동이 심해짐과 동시에 여러 가지 공포증이 생기는 것을 볼 수 있는데, 특히 공황장애와 관계가 깊은 것이 광장공포증이다. 광장공포증이 생기면 지하철이나 백화점과 같이 사람들이 붐비는 곳을 두려워하며, 자신의 안전을 보장해줄 사람이 없으면 밖으로 나가기를 두려워한다. 마치 어떤 음식을 먹고 심한 배탈이 난 뒤 그 음식을 피하는 것처럼, 지독하게 혐오스러웠던 경험이 되살아나 그와 비슷한 것을 피하려고 하는 것이다. 그러므로 어떤 상황에서 처음 공황발작을 경험했는가를 파악하는 것은 공황장애의 경과나 치료

방침을 결정하는 데 있어서 매우 중요하다.

저자가 조사한 바에 따르면, 광장공포증과 공황장애 진단을 동시에 받은 환자는 집(13%)보다는 백화점이나 역 대합실, 도로와 같이 사람이 붐비는 장소(40%)에서 첫 공황발작을 경험한 경우가 많았다. 반면, 공황장애 진단만 받은 환자는 사람이 붐비는 곳(18%)보다 집(68%)에서 첫 발작을 경험한 경우가 많았다. 이 결과는 첫 공황발작을 경험했던 상황요인이 이후의 회피행동과 관계된다는 대다수 학자의 주장과 일치한다 (Wolpe & Rowan, 1988).

최초의 공황발작을 경험할 당시 스트레스 상태에 있었는지 여부를 알아본 결과, 광장공포증과 공황장애를 모두 지닌 환자 중 첫 공황 증상을 경험할 즈음 특별한 스트레스 상태에 있었다고 보고한 사람은 상대적으로 많지 않았다. 그러나 공황장애 진단만 받은 환자 가운데 60% 이상은 첫 공황발작이 왔을 때 스트레스 상태에 있었다고 보고하였다. 환자들이 보고한 스트레스로는 부부 갈등이나 고부 갈등처럼 가까운 대인관계 갈등이 가장 많았고, 그다음은 직장일이나 학업과 같은 업무 스트레스였다.

이 결과는 광장공포증과 공황장애를 모두 지닌 환자의 첫 공황발작이 상황적인 촉발요인과 관련되는 반면, 공황장애만 있는 환자의 첫 공황발작은 가까운 대인관계 갈등과 밀접한 관계를 가지고 있음을 의미한다.

(2) 공황장애의 진단기준

공황발작은 공황장애의 증상 중 하나다. 공황장애라는 진단을 내리기 위해서는 공황발작 경험이 있어야 하며, 이러한 발작은 전혀 예상치 못한 상황에서 돌연히 나타나거나 다른 사람들이 보기에 불안을 일으킬 만한 상황이 아닌 데서 일어나야 한다. 즉, 객관적으로 보기에 아무런 이유 없이 갑자기 극심한 불안에 사로잡혀 가슴이 두근거리고 숨이 막혀 곧 죽거나 미쳐버릴 것 같은 극단적인 공포에 빠지며, 이런 상태가 대개 10~20분 동안 지속되어야 한다.

DSM-5에서는 반복적으로 예기치 않은 공황발작이 일어나고, 공황발작을 경험한 이후 공황발작이나 그 결과로 닥칠 일에 대한 걱정이 한 달 이상 지속되며, 공황발작과 관련해 행동상 부적응적인 변화가 뚜렷할 때, 그리고 이와 같은 장해가 물질이나 다른 의학적인 상태의 생리적인 효과에 기인하는 것이 아니며, 다른 정신장애로 더 잘 설명되지 않을 때 공황장애 진단을 내린다. DSM-5에 제시되어 있는 공황장애 진단기준은 다음의 내용과 같다. 공황장애 진단범주 중 A항목이 공황발작 진단기준에 해당한다.

공황장애 진단기준 (DSM-5; APA, 2013)

A. 예기치 않은 공황발작. 공황발작은 수분 이내 정점에 달하는 갑작스러운 강렬한 공포나 불편감이 엄습하며, 발작이 있는 동안 다음의 증상 중 4개 이상의 증상이 나타난다.

주: 갑작스러운 증상의 엄습은 차분한 상태나 불안한 상태에서 모두 일어날 수 있다.

1. 심계항진: 가슴이 심하게 두근거리고 심박이 빨라짐
2. 진땀
3. 떨림이나 전율
4. 숨이 가쁘고 숨이 막히는 느낌
5. 질식감
6. 가슴 통증이나 불편감
7. 속이 메스껍거나 거북함
8. 어지럽고 몽롱하거나 기절할 것 같은 느낌
9. 오한이나 열감
10. 마비감: 감각이 둔해지거나 저리는 느낌
11. 비현실감이나 자기 자신과 분리된 듯한 이인감
12. '미쳐버릴 것 같은' 혹은 통제력 상실에 대한 공포
13. 죽을 것 같은 공포

주: 문화권에 따라 특수한 증상(즉, 이명, 목이 부음, 두통, 통제할 수 없는 비명이나 울음)을 보일 수도 있지만, 이 증상들은 진단에 필요한 4가지 증상의 하나로 간주할 수 없다.

B. 적어도 한 번의 공황발작 후 다음에서 제시하는 2가지 증상 중 하나 혹은 두 개가 한 달 이상 지속되어야 한다.
1. 추가적인 공황발작이나 그 후유증(즉, 통제력 상실, 심장 발작, 미쳐버림)에 대한 지속적인 걱정이나 염려
2. 공황발작과 관련된 현저하게 부적응적인 행동 변화(즉, 공황발작을 피하려고 운동이나 낯선 상황을 회피하는 것)

C. 이 장해는 물질(즉, 약물남용, 투약)에 의한 생리적인 효과 나 다른 의학적인 상태(즉, 갑상선 기능항진, 심폐기능장애) 에 기인하는 것이 아니어야 한다.

D. 이 장해는 다른 정신장애로 더 잘 설명되지 않는다(즉, 공황 발작은 사회불안장애에서 두려워하는 사회상황에 대한 반 응, 특수공포증에서 해당 공포 대상이나 공포 상황에 대한 반응, 강박-충동장애에서 강박관념에 대한 반응, 외상 후 스트레스 장애에서 외상적 사건에 대한 회상반응, 분리불안 에서 애착대상과의 분리에 대한 반응에 국한되지 않는다).

공황발작을 경험하게 되면 이후 그와 비슷한 상황이나 장 소에 대한 공포를 갖게 되어 특정한 장소나 상황을 두려워하 고 이를 적극적으로 피하는 행동이 나타나 공황장애와 광장공 포증을 동시에 진단받게 되는 경우가 많다.

3) 공황, 불안 그리고 공포증

(1) 공황과 불안은 어떻게 다른가

공황이 불안과 어떻게 다른가 하는 논쟁의 핵심은 공황발작이 극심한 불안과 질적으로 다른 것인지 여부와 관련된다. 공황장애의 증상이 되려면 극도의 불안과 구분되는 공황발작이 있어야 한다고 하지만, 극도의 불안과 공황발작이 선명하게 구분되는 것은 아니다.

신경통으로 약간의 통증이 있을 때와 심한 통증이 있을 때가 서로 다른 것이라고 보지 않는 것처럼 극단적인 불안과 공황발작이 질적으로 다르다고 보지 않는 사람들이 있는가 하면, 공황 증상과 불안 증상이 많이 겹치기는 하지만 이 둘 사이에는 질적으로 다른 차이가 있다고 주장하는 사람들도 있다.

인간의 정서에 관한 심리학설을 보면 공황은 오로지 공포인 반면, 불안은 공포에 울적한 기분 상태가 가미된 것이다. 더욱이 공황이 임박한 위험에 대해 맞설 것이냐 아니면 도망갈 것이냐 하는 반응을 보이는 반면, 불안은 앞으로 다가올 위험을 예견하고 이에 대비하도록 만드는 경계 기능을 한다는 차이점이 있다. 이런 차이는 공황발작을 겪은 사람들의 이야기를 들어보면 더 분명해진다. 공황발작이 있을 때는 대부분의 사람이 극심한 공포 상태에서 죽거나 미쳐버릴지 모른다는 생각에 사로잡힌다고 보고한다. 그러나 불안을 느낄 때는 이런저런 걱정거리로 머리가 복잡하다고 이야기한다. 증상이 갑작스럽게 나타난다는 점도 역시 공황과 불안이 구분되는 점이라고 볼 수 있다. 불안한 정도가 심하더라도 서서히 불안이 시작되는 경우에는 극심한 불안이 갑자기 엄습하여 죽거나 미쳐버릴지도 모른다는 공포와 연결되는 공황처럼 증상이 급속히 발전되지는 않는다.

공황이 불안의 극심한 형태에 지나지 않는다고 보는 사람들은 이러한 차이만으로는 설득력이 없다고 주장하지만 이 둘 사이에 분명히 구분되는 차이가 있다. 클라인Klein은 공황장애가 다른 불안장애와 질적으로 다른 장애라는 것을 약물치료 과정에서 발견하였다(Klein, 1981). 당시는 대부분의 정신장애의 근원을 불안이라고 보는 시대였고, 대부분의 항정신성 약물이 불안을 진정시키는 효과를 가지고 있다고 믿었다. 그는 조현병을 치료하기 위해 개발된 이미프라민이 정상인에게 투여되었을 때 진정 효과가 있다는 사실을 알고 이를 곧 죽을 것만 같은 공포감을 호소하는 환자에게 투여했다. 그 결과 이 약이 공포증을 완화시키거나 불안을 진정시키기보다는 공황발작을 줄이는 데 효과가 있다는 것을 발견했다. 아울러 불안을 억제하는 약물을 사용해도 공황발작에는 별 효과가 없었다는 점을 들어 공황이 불안과는 질적으로 구분되는 장애라고 밝혔다.

(2) 공황과 공포증은 어떻게 다른가

공포증은 두려워하는 대상에 노출되었을 때 강한 공포를 경험하는 것이다. 공포증에는 주로 한 가지 구체적인 대상을 두려워하는 단순공포증simple phobia이 있다. 그 대상은 높은 곳과 같은 특정한 장소나 개, 벌레 등 그 무엇이든지 될 수 있다. 또한 다른 사람들의 시선을 받는 상황을 두려워하는 사회공포증이 있고, 빠져나오기 어려운 장소나 긴급할 때 당장 도움을 받기 어려운 터널 혹은 전철 안 같은 곳을 두려워하는 공포증도 있다. 공포증을 가진 사람이 공포자극을 접하면 공황발작에 가까운 공포를 느낀다. 그러면 공포증과 공황은 어떻게 구분할 수 있을까?

첫째, 공포증 특유의 두려움은 외부에 있는 공포자극에 의해 생긴다. 반면에, 공황발작을 일으키는 자극은 외부에 있는 것이 아니며, 심장이 불규칙하게 뛰거나 숨이 가빠지는 것과 같은 신체 내부의 감각단서가 촉발자극이 된다.

둘째, 공포증 환자가 공포자극을 만났을 때와 공황장애 환자가 공황발작을 경험할 때를 비교해보면 우선 증상의 수가 다르고 가장 두려워하는 증상도 다르다. 공황발작에서는 자제력을 잃고 미쳐버리거나 죽지 않을까 하는 것이 가장 두려운 증상인 반면, 공포증에서는 심장박동이 빨라지고 속이 메스꺼워지는 것, 그리고 자제력을 잃어버리면 어쩌나 하는 두려움이 크다. 그리고 경험하는 증상의 수도 공황발작이 왔을 때 더 많은 증상이 나타난다.

끝으로, 공황장애를 가지고 있으면서 동시에 공포증도 있는 사람들을 대상으로 아무런 외부자극 없이 공황발작을 경험할 때와 공포자극을 만나서 공황발작이 일어났을 때를 비교한 결과를 보면 증상에서 몇 가지 차이가 있었다. 즉, 아무런 외부 위험이 없는 상태에서 공황발작이 왔을 때 죽음에 대한 공포가 더 크며, 자제력을 잃고 미쳐버릴 것 같은 두려움, 사지의 감각 이상도 더 많았다. 이런 결과는 외부에서 위협자극을 만나 공황발작을 일으키는 것보다 신체감각의 변화를 느끼면서 공황이 촉발되었을 때 증상이 더 심하다는 것을 의미한다. ◆

5. 공황의 종류와 유병률

똑같이 공황장애라고 진단을 받았더라도 사람마다 공황발작을 경험하는 양상은 조금씩 다르다. 그래서 많은 학자가 공황장애를 몇 가지 유형으로 구분하려고 시도를 해왔다. 하지만 아직까지 공황장애의 원인이 확실히 밝혀지지 않은 데다가 사람마다 겪는 증상 또한 다르기 때문에 학자마다 주장이 다르다. 학자에 따라 공황발작을 촉발할 만한 외부사건이 있는지 여부를 기준으로 구분하는가 하면, 주된 증상이 무엇인지에 따라 구분하는 사람도 있다.

1) 자연발생적 공황과 상황촉발적 공황

20여 년에 걸쳐 공황장애를 연구하고 공황장애라는 독자적인 진단을 붙이는 데 기여한 클라인Klein은 공황발작을 크게 2가지로 구분한다. 하나는 아무런 외부자극 없이 저절로 생기는 자연발생적 공황발작이고, 다른 하나는 외부의 상황이나 자극으로 인해 생기는 상황촉발적 공황발작이다.

발로우Barlow는 이를 좀 더 세분화해 공황발작을 일으킬 만한 외부단서가 있었는지, 그리고 자신이 발작을 예측할 수 있었는지 여부에 따라 4가지 유형으로 구분한다. 첫 번째는 공황발작을 초래할 만한 외부자극도 없고 자신도 전혀 예측하지 못한 상태에서 오는 공황발작이다. 이것은 클라인이 말한 자연발생적인 공황과 같은 것이다. 두 번째는 뚜렷한 외부단서는 없지만 자기 자신이 예측할 수 있었던 공황발작이다. 어쩐지 컨디션이 안 좋아 뭔가 일어날 것 같다는 생각을 가지고 있었던 사람이 공황발작을 경험했지만, 무엇이 발작을 일으켰는지는 확인하지 못하는 경우가 이에 해당한다. 세 번째는 상황단서에 의해 공포가 촉발되고, 자신이 이러한 상황에서 공황발작이 일어날 것이라고 충분히 예상했던 경우다. 그리고 마지막으로, 상황단서는 있지만 자신이 공황발작을 예상치 못한 경우로 나눌 수 있다(Barlow et al., 1988). 뒤의 2가지는 클라인이 말한 상황촉발적 공황발작이라고 볼 수 있다.

2) 증상에 따른 구분

공황발작이 왔을 때 어떤 증상이 두드러지느냐에 따라 구
분하는 경우도 있다. 이에 따르면 전형적으로 신체적인 증상
이 두드러지는 고전적 공황발작, 예기불안이 두드러지는 예
기적 공황발작, 그리고 파국으로 치닫는 생각이 주요 증상인
인지적 공황발작이 있다(Ley, 1992).

저자의 국내 조사 연구결과에 따르면, 공황발작이 시작되
는 증상에 따라 그것을 4가지 유형으로 구분할 수 있었다. 첫
번째 유형은 심장이 두근거리는 증상이 최초로 나타나고 곧이
어 숨이 차 오면서 신체적인 감각 이상이나 기절할 것 같은,
혹은 죽을 것 같은 증상을 차례로 느끼는 경우로, 이 유형에
해당하는 사람들이 가장 많았다. 두 번째로 많은 유형은 진땀
이 나면서 어지럽고 현기증을 느끼면서 발작이 시작되는 경우
로, 이 유형의 사람들은 현기증을 느끼면서 발작이 시작되고,
그러면 곧 가슴이 두근거리고 숨 쉬기가 어려워지며 기절하거
나 죽을 것 같은 공포를 느낀다고 하였다. 세 번째 유형은 가
슴이 조여들면서 호흡 곤란을 최초의 증상으로 느끼는 사람들
이었다. 이 유형의 사람들은 호흡 곤란이 느껴지면 사지가 뜨
겁게 달아오르거나 싸늘해지면서 기운이 쭉 빠지고, 뒤이어
심장이 곧 멎을 것같이 심하게 뛰고 죽음에 대한 공포를 느낀

다고 하였다. 네 번째 유형은 사지가 저리면서 공황이 시작되는 경우로, 가장 드문 유형이다(박현순, 1996).

조사 결과를 살펴보면 모든 유형에서 최초의 자각 증상은 신체 증상이었고, 기절이나 죽음에 대한 공포와 같은 인지 증상을 맨 마지막으로 보고하였다는 공통점이 있었다. 발로우 등은 최초로 공황발작을 경험한 99명을 대상으로 조사한 결과 56.5%의 환자가 신체 증상에 의해 공황발작이 시작되었고, 30.3%가 상황적인 촉발요인에 의해 공황발작이 시작되었으며, 6.1%가 걱정과 같은 인지 증상으로부터 공황발작이 시작되었다고 보고한 적이 있다. 그러나 저자의 조사에서는 모두 최초의 자각 증상으로 신체 증상을 꼽고 있었다.

발로우와 저자의 연구를 비교해보면 한 가지 중요한 시사점을 얻을 수 있다. 발로우 등은 처음으로 공황발작을 겪었던 사람들을 대상으로 조사했고, 저자는 공황장애 진단을 받고 장기간 치료를 받고 있는 사람들을 대상으로 조사했다는 차이가 있다. 이러한 차이를 염두에 두고 생각해보면 두 사람의 연구에서 각각 다른 결과가 나왔다는 사실이 매우 의미가 있다. 즉, 첫 공황발작은 여러 가지 요인에 의해 촉발될 수 있지만, 반복적으로 공황발작을 겪다 보면 신체감각이 곧 공황발작을 촉발하는 자극이 될 수 있다는 해석이 가능하다.

3) 유병률

공황발작은 교육 정도나 성격특성과 관계없이 누구에게나 일어날 수 있으며, 인종이나 문화를 가리지 않는 보편적인 장애다. 일반적으로 중요한 시험을 앞두고 있거나 여러 사람 앞에서 발표해야 할 때처럼 강한 심리적 압박을 받는 상황에서 공황발작을 경험한다고 알려져 있다. 그러나 특별한 스트레스가 없는 상태에서 느닷없이 경험하는 경우도 전체 공황발작의 10%에 이른다.

단순한 공황발작에 비해 공황장애라는 진단을 받는 기준은 더 엄격하기 때문에 그 비율이 현저히 낮아지지만 결코 낮은 비율은 아니다. 전 세계적인 역학조사 자료에 따르면, 전체 인구의 약 1.5~3.5%가 일생에 한 번은 공황장애 진단을 받으며, 1년을 기준으로 하면 전체 인구의 약 1.5%가 공황장애 진단을 받는다(APA, 1994). 미국과 캐나다의 연구를 보면, 33%의 인구가 적어도 1년에 한 번은 공황발작을 겪었으며, 이들 중 11%는 연 3~4회 공황발작을 경험한 것으로 나타났다. 한 번 공황발작이 있었던 사람은 이차적으로 우울증이 생기거나 공포증적 불안 혹은 사회공포증과 같은 증상을 보이는 경우가 많다. 그러므로 그만큼 공황장애로 발전할 가능성도 크다고 볼 수 있으며, 적절한 치료를 받는 것이 중요하다.

우리나라의 사정도 이와 크게 다르지 않다. 전 세계에서 공통으로 사용하는 진단기준을 가지고 1986년도 서울대학교 의과대학에서 조사한 역학 자료에 따르면, 평생에 걸쳐 공황장애 진단을 받는 사람이 서울에서는 전체 인구의 1.1%, 지방에서는 2.6%였다. 이 진단기준은 1994년도에 새롭게 바뀌었는데, 그것을 토대로 한 조사에서는 비율이 더 높아져 서울에서는 전체 인구의 1.8%, 지방에서는 3.9%였다.

역학조사 자료에 따르면, 공황장애의 발병 연령은 24세 전후이며, 광장공포증은 28세를 전후해서 생긴다. 공황장애가 있는 사람 중 4%가 10세 이전에 첫 공황발작을 경험했다든가 불안장애를 가지고 있는 청소년의 13%가 공황장애였다는 조사 결과도 있지만, 성인이 된 다음 어린 시절의 기억을 회상할 때는 기억이 많이 왜곡되므로 믿을 만한 자료로 보기는 어렵다.

공황장애의 발병 시기에 대한 학자들의 설명에 따르면, 아동은 성인에 비해 인지 능력이 덜 발달되어 있어 신체감각을 치명적인 것으로 잘못 해석할 가능성이 적다. 또한 사춘기가 되어야 호르몬에 의해 두드러진 신체적 변화가 오므로 아동기는 공황장애의 핵심 요소인 신체감각의 변화 및 이에 대한 파국적 해석의 토대가 빈약하다고 볼 수 있고, 그만큼 공황발작이 일어날 가능성도 적다. 마찬가지로 나이가 들어서 공황장애가 발생하는 경우도 적다. 드물게는 70세 이후에 공황장애가 생기는 사람도 있지만, 성인기 후반에 공황 증상을 보이는 사람들은 대개 증상의 수도 많지 않고 회피행동도 두드러지지 않는다. 이들은 나이와 더불어 심장 기능이 떨어진다거나 시력 감퇴, 혹은 넘어져서 골절을 당하는 것과 같이 실제로 신체 기능이 저하되는 것을 느끼면서 공황발작을 경험한다. 그렇기 때문에 나이가 들어서 발병한 공황장애의 경우에는 호흡이나 이완훈련, 노출치료 등 공황 치료에 효과가 있는 전통적인 방법이 잘 통하지 않는 것으로 알려져 있다.

공황장애에 걸리는 비율은 남성에 비해 여성이 2~2.5배 높다. 또한 공황장애 환자의 59%가 여성이며, 광장공포증과 공황장애를 동시에 지닌 환자의 89%가 여성이다.

공황장애를 가지고 있는 사람이 처음부터 병원을 찾아가서 정확한 진단과 치료를 받는 경우는 드물다. 그 이유 중 하나는 이들은 대개 자신의 증상을 심장병이나 혈압 또는 호흡기 계통의 이상이 원인이라고 생각하기 때문이다. 그래서 오랜 기간 여러 병원을 전전하며 많은 검사를 받았지만 특별한 문제가 없어 신경성이 아닌가 하는 얘기를 듣는 경우가 흔하다. 연구에 따르면, 내과 환자의 6.5%는 공황장애 진단기준에 맞는 사람이다. 그리고 가슴에 통증이 있어서 관상동맥검사를 받은 사람 중 관상동맥에 문제가 없는 사람의 1/3이 공황장애였고, 심장내과 환자의 10~14% 정도가 공황장애를 가지고 있었다는 보고도 있다. 실제로 공황장애라는 확진을 받은 사람을 조사한 결과, 이들 중 70% 이상이 평균 10명 이상의 의사로부터 진료를 받았다는 보고가 있다(이호영, 1992). ◆

6. 공황발작의 촉발요인과 경과

1) 공황발작의 촉발요인

공황장애를 가진 사람 중 약 70%가 공황발작이 시작되기 전에 이미 범불안장애를 지니고 있었다는 보고가 있다. 첫 공황은 대인관계 갈등이 있거나 질병, 이별, 경제적 파산, 상실 위협과 같은 스트레스 상황에서 갑작스럽게 나타나며, 특히 부부나 고부간처럼 가까운 사이에서의 대인관계 마찰이 첫 공황발작과 밀접하게 관련이 있다. 첫 공황발작이 일어나는 시점으로부터 1년 이내에 스트레스를 얼마나 겪었는지 조사한 결과를 보면, 공황장애가 있는 사람의 64%, 정상인의 35%가 견디기 힘들 정도로 심한 스트레스를 겪었다고 보고해 부정적인 스트레스 사건과 공황발작 간에 밀접한 관련이 있음이 밝혀졌다.

갑자기 술이나 담배를 끊을 때도 공황이 촉발될 수 있는데, 불안을 달래기 위해 만성적으로 술을 마시거나 줄담배를 피우던 사람이 갑자기 금주와 금연을 하다가 공황발작을 일으키기도 한다. 간질발작을 유발할 가능성이 높은 것으로 알려진 깜빡거리는 빛 자극도 불안을 유발한다.

여성의 경우는 월경 주기나 임신 등 성 호르몬이 공황발작에 영향을 미친다. 월경 시작 바로 전에는 공황발작을 일으키는 빈도가 평상시보다 2배가량 높은 반면, 임신 상태에서는 호르몬의 영향으로 교감신경계의 반응성이 떨어지기 때문에 공황발작이 차단되거나 줄어든다. 외국의 연구를 보면 공황장애가 있는 여성 중 2/3가 임신 기간에 공황발작이 차단되거나 감소되었다고 한다.

2) 공황장애의 경과

공황장애는 만성적인 진행 과정을 밟아 수년간 지속되기도 하므로, 공황장애가 어떻게 진행되는지 그 과정을 이해하는 것은 치료에 있어서 매우 중요하다. 공황장애라고 해서 모두 똑같은 과정을 밟지는 않는다. 사람마다 공황발작을 겪는 상황이 다르고, 장애가 진행되는 속도가 다르며, 어느 정도에서 더 이상 진행되지 않을 수도 있다(이호영, 1992). 공황장애가 지속될 경우 흔히 만성적인 불안신경증이 생기거나 우울증, 알코올 중독, 광장공포증이나 사회공포증, 건강염려증 혹은 성격의 변화가 올 수 있는데, 어떤 합병증이 생길 것인지는 치료를 어떻게 하느냐에 달려 있다.

일반적으로 공황 증상이 나타나는 초기 단계에서는 공황발작이라고 규정할 만큼 여러 증상을 경험하지 않는다. 이때는 가슴이 두근거린다든지 숨 쉴 때 답답해지는 것과 같이 한두 가지 증상만을 경험하므로 그리 심각하게 생각하지 않고 넘기는 수가 있다.[1] 국내외 연구를 살펴보면, 살면서 이와 같은 경험을 하는 사람은 전체 인구의 15~33% 정도가 된다.

증상이 나타나는 초기 단계가 지나면 좀 더 많은 증상을 동반하는 강한 공황발작이 일어나 대부분 병원을 찾게 된다. 그러나 검사를 받는 동안 증상이 가라앉고 검사 결과도 괜찮아 멀쩡하게 걸어 나오는 경우가 많다. 이렇게 첫 발작을 경험하고, 정확히 얼마 뒤에 재발한다는 기준은 없지만, 통상 수주 이내에 다시 공황발작을 경험하는 경우가 많다. 공황발작으로 병원을 찾은 사람 대부분이 검사 결과가 정상이라는 이야기를 듣지만, 워낙 강렬한 죽음의 공포를 겪었기 때문에 끊임

---

1 이것은 공황발작이라고 부르는 기준에 미치지 못하기 때문에 제한된 증상만을 가진 소발작이라고 한다. 소발작이 공황발작이나 공황장애로 발전하는지 여부에 관해서는 밝혀진 바가 없다.

없이 건강을 염려하며 여기서 쉽게 벗어나지 못한다.

또한 반복해서 공황발작을 겪다 보면 공포 증상이 생긴다. 공포의 대상이 확대되면 회피행동이 두드러지게 나타나고 사회생활에도 많은 지장을 준다. 부득이 출장을 가야 하거나 약속시간에 거래처 사람을 만나기 위해 지하철을 타야 하지만 그럴 수가 없다. 점차 밖에서의 활동 반경이 줄어들고, 안전한 곳만 오가게 되며, 타인의 시선을 의식하게 되고 사회활동은 크게 위축되고 만다. 회피행동이 심해지면 집을 떠나는 것에 대해 더욱 부담을 느끼고 누군가 곁에 있어야 외출을 할 수 있다. 자신의 안전을 책임져 줄 사람이 필요한 단계에 이르는 것이다.

이런 생활이 지속되다 보면 우울증이 찾아오기 쉽다. 공황장애가 있는 사람의 30%에서 우울증이 나타났다고 한다. 그동안 해오던 일을 계속할 수 없고, 생활이 제한되면서 만나는 사람도 점점 줄어들어 사는 것이 전과 같지 않다면 누구나 우울해질 것이다. 얼마간 공황발작이 뜸하면 기분이 나아지기도 하지만 다시 공황발작이 오면 모든 것이 수포로 돌아가고 무기력해져 이제 여기서 영원히 벗어날 수 없는 것은 아닌가 하며 자포자기하기 쉽다. 물론 우울증이 공황장애로 인해 생긴 것이라고 단언하기는 어렵다. 장기간 공황장애에 시달리다가 우울해진다는 주장이 있는가 하면, 공황장애와 우울증이 동시에 올 수도 있다는 주장도 있다(Brown & Barlow, 1992).

3) 합병증

공황장애가 만성화되면서 생기기 쉬운 합병증이나 공황과 함께 찾아오는 달갑지 않은 장애가 몇 가지 있다. 이러한 장애가 공황장애로 인해 생기는 것인지, 아니면 공황장애와 상관없는 장애이지만 우연히 함께 발생하는 것인지에 대해서는 확실하게 밝혀지지 않았다.

(1) 우울증

공황장애와 우울증은 흔히 함께 나타난다. 공황장애를 가진 사람들 중 약 30%에서 많게는 70%까지 우울증을 경험하는 것으로 알려져 있다. 그러므로 공황장애와 우울증이 한 뿌리를 갖는 것으로 보는 견해도 많다. 우울증과 공황장애는 우선 생물학적인 배경이 비슷하다. 마치 양극성 장애가 조증과 우울증이라는 서로 다른 증상을 나타내듯이 공황장애와 우울증도 증상은 다르지만 밑바탕은 같을 가능성이 있다. 그리고 실제로 공황장애 치료에서는 항우울제가 사용된다는 점도 그 가능성을 뒷받침해준다.

그러나 같은 약물로 치료 효과가 나타난다고 해서 반드시 원인이 같다고 볼 수는 없다. 공황장애 치료에 사용되는 항우울제인 이미프라민imipramine은 야뇨증의 치료에도 사용되지만 공황장애와 야뇨증을 같은 부류의 장애라고 보지는 않는다. 그리고 우울증과 공황장애가 함께 나타나는 경우가 많은 것으로 알려져 있지만 실제로 그렇지 않은 경우도 있고, 또 공황장애에서 보이는 우울증은 자살 생각이라든가 정신-운동 기능의 속도 저하와 같은 전형적인 우울 증상을 보이지 않는다. 무엇보다도 우울증 환자에게는 공황발작이 일어나지 않는다는 점이 우울증과 공황장애가 같은 부류의 장애라는 주장을 반박하는 가장 뚜렷한 증거가 된다. 그리고 수면이 박탈되면 우울 증상은 일시적으로 완화되지만 공황발작은 더 자주 일어난다.

이런 점을 종합해보면 우울증과 공황장애는 비슷한 장애라기보다는 서로 다른 장애일 가능성이 높으며, 공황장애를 가진 사람에게 나타나는 우울증은 공황장애가 지속됨으로써 이차적으로 생기는 경우가 더 많다고 볼 수 있다.

(2) 술

사람들은 하기 어려운 말을 해야 할 때나 두려운 상대를 만나기 전에 술을 마신다. 술을 마시면 겁나는 것도 없고 떨리는 것도 덜하다는 것을 알기 때문이다. 실제로 술은 예기불안을 줄여주는 효과가 있다. 공황장애를 가진 사람은 공황발작에 대한 불안을 이기기 위한 방편으로 술을 마시는 경우가 있다. 실제로 광장공포증과 공황장애를 동시에 앓고 있는 환자 중 24%가 알코올 중독이라는 보고가 있는가 하면, 여성의 경우 알코올 의존성을 보이는 비율이 통상 4.4%인 데 반해, 공황장애 여성 중 알코올 의존성을 보이는 여성은 19%나 된다(McNally, 1994).

술은 일시적으로 불안을 완화해주는 효과가 있지만 의존성이 생긴다는 문제가 있다. 일단 한 번 술에 의지해 불안을 이기면 다음번에는 더 많은 양의 술을 마셔야 그만한 효과가 있기 때문이다. 불안을 이기기 위해 자가 처방으로 마시는 술은 결국 알코올 중독이라는 수렁에 빠지게 만든다.

(3) 질병 공포

공황장애를 가진 많은 사람이 삶을 위협하는 장애에 대한 두려움 때문에 병원을 찾는다. 이들은 실제로 공황발작이 일어나기 전부터 건강에 대한 걱정이 많다. 그러나 건강염려증을 가지고 있는 사람처럼 광범위하게 질병에 대해 걱정하는 것이 아니라, 주로 심장 계통의 이상이나 호흡기 계통의 이상을 걱정한다. 그리고 건강염려증이 있는 사람이 걱정하는 증상은 대부분 자율신경계통의 장애가 아니기 때문에 불안에 의해 상태가 더 악화되지는 않는다.

(4) 성격 변화

공황장애를 가진 사람에게서 나타나는 성격 변화는 회피적인 특성과 의존적인 특성 그리고 연극적인 성향이 많아진다는 점이다. 특히 광장공포증이 있는 사람의 경우에는 의존적 성격특성이 두드러지게 나타난다. 이렇게 성격 변화가 나타나면 치료에 대한 태도가 달라지기 때문에 공황장애의 경과에도 영향을 미친다. 성격 변화가 공황장애를 촉진하는 요인이라고 보는 학자도 간혹 있지만, 대부분의 학자는 성격 변화를 공황장애가 지속됨으로써 나타나는 현상으로 본다. ◆

공황장애는
왜 생기는가

2

1. 생물학적 원인

전통적으로 의학 분야에서는 공황장애를 생물학적 장애로 설명하려고 노력해왔다. 심장 밸브의 일종인 승모판이 튀어나와 여러 가지 공황 증상이 나타난다는 연구에서부터, 혈당 저하, 갑상선 기능 이상, 혹은 귓속에 있는 평형기관인 전정기관의 기능장애 등 다양하게 공황발작의 원인을 설명해왔다. 지난 30여 년 동안 공황장애의 원인을 규명하려는 의학적인 연구들은 공황장애를 이해하고 치료하는 데 커다란 공헌을 해왔다. 그런데도 아직까지 공황장애의 확실한 원인은 밝혀지지 않고 있다.

공황장애의 원인을 생물학적 이상이라고 보는 입장에서는 공황장애의 치료 과정에서 밝혀진 약물 효과, 인위적으로 공황발작을 유도하는 생물학적 도전검사에서 사용하는 물질들이 정상인에게는 별다른 영향을 주지 않지만 공황장애가 있는 사람에게는 공황발작을 일으킨다는 점, 유전 연구, 그리고 전혀 예기치 못하게 발생하는 자연발생적 공황발작이 있다는 점을 그 근거로 든다.

1) 약물 연구

공황장애에 관한 약물 연구는 20여 년간 공황장애를 연구하고 치료하면서 공황장애라는 진단 명칭을 확립한 클라인의 기념비적인 업적이다(Klein, 1981). 그의 연구를 보면 우울증 치료제인 이미프라민이 공황장애 환자의 공황발작은 감소시켰지만 예기불안은 감소시키지 못했다. 그리고 불안을 완화시키는 벤조다이아제핀계 약물은 예기불안은 줄여주지만 공황발작은 막아주지 못했다. 클라인은 항우울제로 쓰이는 이미프라민이 일시적으로 찾아오는 극심한 불안은 경감시키지만 오래 지속되는 불안에는 효과가 없기 때문에 이를 근거로 공황발작은 다른 불안과 질적으로 다르다고 결론을 내렸다.

그런데 후속 연구들을 보면 이러한 결론이 흔들린다. 예를 들어, 벤조다이아제핀계 약물도 충분한 용량을 사용하면 공황발작을 완화시킬 수 있으며, 이미프라민도 일반적인 불안을 감소시켜준다. 나아가 이런 종류의 약물들은 특별히 공황 치료에만 효과가 있다기보다는 전반적인 진정 효과를 가지고 있을 수 있다. 그래서 어떤 학자들은 특정 약물의 치료 효과의 유무에 따라서 질병의 원인이 다르다고 볼 수는 없다고 지적한다. 하지만 약을 먹음으로써 공황발작이 줄어드는 것은 사실이기 때문에 공황장애는 약물치료가 필요한 생물학적 장애라는 견해는 여전히 유효하다.

2) 생물학적 연구

생물학적 도전검사biological challenge test는 공황발작을 일으키는 원인을 찾거나 공황발작이 전개되는 과정을 검사하기 위해 치료실에서 인위적으로 공황발작을 유도하는 방법이다. 도전검사 중 흔히 사용하는 한 가지 방법은 공황을 초래하는 것으로 알려진 락테이트를 정맥에 주입하면서 그 변화 과정을 추적하는 것이다. 락테이트는 심한 운동을 하고 난 후와 비슷한 신체 상태를 만드는데, 정상인은 이것을 주입해도 공황발작이 거의 일어나지 않으나 공황장애를 가지고 있는 사람의 60∼90%는 공황발작을 일으킨다. 락테이트 이외에도 요힘빈, 카페인, 이산화탄소의 흡입이나 과호흡 등이 도전검사에 사용된다. 공황장애의 원인이 생물학적인 이상이라고 주장하는 사람들은 이러한 물질들이 공황장애를 가진 사람이 선천적으로 타고나는 생화학적 이상 상태를 직접 자극한다고 주장한다.

하지만 공황장애 진단을 받은 사람보다 불규칙하게 공황발
작을 겪는 사람이 도전검사에 의해 더 쉽게 공황발작을 일으
킨다. 그리고 다른 연구에 따르면, 도전검사를 받을 때 공황장
애를 가진 사람과 정상인 간의 생물학적 반응은 비슷했으며,
단지 차이를 보이는 것은 락테이트 주사에 대한 공포감이었
다. 이것은 공황장애를 가진 사람이 정상인과는 달리 락테이
트에 의해 생기는 신체감각의 변화에 공포로 반응하면서 공황
발작이 일어난다는 것을 가리킨다(Clark, 1989; van der
Molen et al., 1986).

최근에는 공황장애 환자의 불안이 두뇌의 여러 영역에 걸
친 신경회로 및 신경전달물질에 의해 매개된다는 연구결과가
있다. 즉, 공포 신경망은 콜레시스토키닌cholecystokinin, CCK이라
는 신경전달물질 경로에 의해 매개되며, CCK는 공포와 관련
된 신경전달물질인 세로토닌, GABA, 노아아드레날린 시스
템과 상호작용한다. CCK-4를 주입할 경우 공황발작이 촉발
되며, 촉발된 공황발작은 항공황 약물에 의해 차단될 수 있음
이 최근 연구에서 밝혀졌다(Zwanzger, Domschke, &
Bradwejn, 2012).

3) 유전 및 기질 연구

공황장애의 유전 가능성에 관한 연구결과들을 보면 유전적인 소인이 있을 가능성이 시사된다. 공황장애를 가진 사람의 직계가족이 공황장애에 걸릴 가능성은 22%로, 정상인의 직계가족이 공황장애에 걸릴 가능성 2%보다 10배 이상 높은 것으로 나와 있다. 또한 일란성 쌍생아 중 어느 한쪽이 공황장애일 경우 다른 쪽도 공황장애에 걸릴 가능성은 31%다. 반면에, 이란성 쌍생아의 경우 어느 한 사람이 공황장애일 경우 다른 쪽이 공황장애에 걸릴 확률은 거의 없는 것으로 나타났다(McNally, 1994).

하지만 이 결과가 반드시 공황장애의 유전을 의미하는 것은 아니다. 왜냐하면 공황장애의 유전 가능성 때문인지 아니면 환경 탓인지, 혹은 둘 다 원인이 되는지는 아직 알 수 없기 때문이다. 특히 가족 중에 공황장애를 가지고 있는 사람이 있어서 늘 불안해하는 것을 보고 자란 사람이라면 작은 일에도 쉽게 불안해할 수 있다.

공황장애와 관련된 기질 및 성격 차원에 관한 최근 연구에 따르면 클로닝거Cloninger의 심리생물학적 인성모델에 토대를 둔 기질 및 성격 차원 중 고위험회피 기질high harm avoidance과 낮은 자율성low self-directedness이 우울 및 공황과 관련된 요인이라는 보고가 있다(Mochcovitch et al., 2012).

4) 과호흡

과호흡이란 숨을 깊게 자주 쉬는 것으로서 불안할 때 흔히 나타나는 현상이다. 공황장애의 원인을 과호흡으로 설명하는 이론hyperventilation theory에서는 공황장애를 가진 사람이 혈액 내의 이산화탄소 분압에 남달리 예민하기 때문에 숨을 깊고 빠르게 쉰다고 설명한다. 그렇게 되면 혈액의 산도가 낮아져서 피가 알칼리성으로 바뀌고 그 결과 다양한 공황 증상이 나타나게 된다는 것이다.

공황장애를 치료하기 위한 목적으로 풍선을 불게 하거나 일부러 숨을 깊고 빠르게 쉬게 하는 경우가 있다. 이후 치료에 관한 장에서 다시 설명하겠지만, 이런 치료방법은 공황 증상이 호흡과 밀접하게 관련된다는 것을 의미한다. 그러나 이런 호흡훈련을 반복하는 보다 근본적인 이유는 호흡이 거칠어져도 쉽게 공황발작을 일으키지 않도록 과호흡 상태에 익숙하게 만들기 위한 것이다.

1990년대 이후에 나온 여러 연구를 보면 과호흡 자체가 공황발작을 일으키는 것은 아니다. 그보다는 과호흡을 함으로써 생기는 여러 가지 신체 증상에 대한 공포감이 공황발작을 일으키는 중요한 원인이 된다. 예를 들어, 천식을 앓는 사람은 호흡기능의 장애가 심하고 공황발작을 일으키는 빈도가 높다. 그러나 이 사람들도 호흡 곤란 그 자체로 인해 공황발작을 일으키지는 않는다. 단지 호흡 곤란 상태에서 느끼는 신체감각을 위험한 것이라고 잘못 해석할 때 공황발작을 일으키는 것이다. 과호흡을 하면 공황발작이 일어날 때와 비슷한 신체감각이 생기는데, 이 상태에 대한 설명을 어떻게 해주느냐에 따라 때로는 유쾌한 흥분을 경험하기도 한다(Carr et al., 1993).

지금까지의 선행 연구를 종합하면 과호흡이 직접 공황발작을 일으키는 것은 아니라는 점을 알 수 있다. 그보다는 과호흡으로 생긴 신체감각을 어떻게 해석하느냐 하는 인지적인 요인이 공황발작을 초래하는 데 있어서 핵심적인 역할을 한다고 볼 수 있다.

5) 자연발생적 공황

공포증을 가지고 있는 사람이 공포 대상을 만나 공황 상태에 빠지는 것과 달리, 공황장애를 가진 사람에게는 전혀 예기치 못한 상태에서 공황발작이 오는 경우가 있다. 이 사실은 공황장애가 생물학적 이상이라는 것을 지지하는 증거로 간주되어 왔다. 외부에 분명한 자극이 존재하지 않는데도 공황발작이 일어난다는 점은 곧 공황이 공포증적 불안과 다른 것임을 시사한다.

하지만 자연발생적으로 일어난 공황발작이라고 하더라도 실제로 바깥에 있는 공황 촉발 단서를 알아차리지 못했거나, 외부 단서 대신 심장이 두근거리는 것과 같이 공황을 촉발시키는 내부 단서가 있을 수 있기 때문에 공황발작이 예기치 못하게 자연발생적으로 일어난다는 점만으로는 공황장애가 생물학적 장애임을 입증하는 증거라고 보기 어렵다.

생물학적 원인론을 주장하는 입장에서는 이러한 증거를 통해 공황장애가 약물치료가 필요한 유전적인 장애라고 주장한다. 하지만 그와 반대되는 증거가 있거나 같은 증거라고 해도 다르게 해석할 수 있기 때문에 심리학자들은 이를 근거로 공황장애를 생물학적인 장애로 규정하기에는 충분치 않다고 본다(Clark, 1989; McNally, 1994). ◆

2. 심리학적 원인

공황장애에 대한 심리학 분야의 연구는 2가지 이유에 의해서 촉발되었다. 하나는 이완훈련이나 호흡조절훈련 및 신체감각에 단계적으로 노출시키는 노출 훈련과 함께 실시한 인지행동치료가 공황발작을 경감시키는 데 매우 효과적이었다는 것이다. 어떤 작용을 통해 이러한 방법들이 공황발작을 가라앉히는지는 명백하게 밝혀지지 않았지만, 치료에 효과가 있었다는 점은 공황장애가 반드시 약물치료를 필요로 하는 생물학적 장애인 것만은 아니라는 점을 뜻한다. 또 다른 이유는 공황장애의 원인과 공황장애를 유지시키는 요인에 관한 심리학적 가설들이 폭넓게 입증되고 있다는 것이다(McNally, 1994; Rachman & Mase, 1988). 그러면 지금부터 공황장애를 설명하는 심리학적 가설들을 살펴보도록 하겠다.

1) 공포에 대한 공포

그동안 광장공포증이 있는 공황장애 환자는 개방된 장소를 두려워한다고 생각해왔다. 하지만 이들은 개방된 장소 자체에 대한 공포보다는 공황발작에 대한 공포를 가지고 있다는 주장이 제기되었다. 이는 곧 공황에 대한 공포, 즉 공포에 대한 공포fear of fear다. 공황발작의 원인이 공포에 대한 공포라는 주장을 뒷받침하는 심리학적 설명은 다음과 같다.

(1) 말만 들어도 침이 고이는 청포도

인간의 행동 중에는 본능적으로 타고난 것도 있지만 대부분의 행동은 후천적으로 학습된다. 여러 경험을 통해서 우리는 무엇이 위험하고, 위험한 상황에서는 어떻게 행동해야 하는지를 익힌다. 고전적 조건형성은 사람들이 행동을 배우는 중요한 학습 원리 가운데 하나다. 그러면 먼저 고전적 조건형성이 무엇인지 알아보기로 하자.

러시아의 생리학자 파블로프Pavlov는 개의 타액 분비에 관한 연구를 하다가 우연히 흥미로운 현상을 관찰하였다. 당시 그는 개의 타액 분비 상황을 관찰하기 위해 개의 침샘을 밖으로 꺼내 놓고 침이 분비되는 것을 관찰하던 중이었다. 그러던 어느 날 그는 개가 먹이를 주기도 전에 먹이를 가져오는 실험 조수의 발소리만을 듣고 침을 분비하는 것을 보았다. 이것은 개가 발소리를 들으면 곧이어 먹이가 주어진다는 사실을 알고 있다는 것을 뜻한다. 이를 체계적으로 확인하기 위해 파블로프는 개에게 먹이를 주기 직전에 종소리를 들려주었다. 여러 번 종소리를 들려주고 난 다음 먹이를 주었더니 나중에는 종소리만 들으면 바로 침을 흘렸다. 개는 종소리와 먹이를 연관시키고 미리 그에 대한 반응을 보였던 것이다. 이 학습 과정을 가리켜 조건형성이라고 한다.

고전적 조건형성이란 종소리처럼 원래는 어떤 반응(침 흘리기)을 일으키는 힘이 없는 조건자극(종소리)이 무조건 그런 반응을 일으키는 자극(먹이)과 짝지어져 조건반응(침 흘리기)을 일으킬 수 있게 되는 과정을 가리킨다. 이런 경험은 우리의 일상생활에서도 흔하다. 가령, 단단하고 새파란 청포도 알이나 레몬을 꽉 쥐어 짜 레몬즙이 공중에 쫙 퍼지는 모습을 상상해 보라. 바로 입 안에 침이 고일 것이다. 파블로프의 실험에서 실제로 종소리는 먹이가 아니므로 침을 흘릴 대상이 못 된다. 그리고 청포도라는 말 자체가 신 것도 아니다. 그런데 종소리를 듣기만 해도, 또 청포도를 생각하기만 해도 침이 나오는 까닭은 무엇일까? 이것이 바로 조건형성으로 학습된 행동이다.

(2) 흰쥐를 무서워하는 아이(공포의 조건형성)

인간의 감정반응도 많은 부분이 학습에 의해 형성된다. 가령, 작은 실수에도 심하게 매질을 하는 아버지 밑에서 자란 아이는 잘못을 저지르지 않았더라도 아버지만 보면 겁을 먹는다. 또한 늘 매를 맞고 자란 아이는 아버지와 비슷한 선생님이나 어른에 대해 두려움을 갖기 쉽다. 반면에, 언제나 손자를 귀여워하고, 머리를 쓰다듬어주며, 용돈도 잘 주는 할아버지를 둔 아이는 할아버지만 생각해도 기분이 좋아질 수 있다. 이런 현상은 사람이 반드시 좋은 일이 있거나 싫은 일이 있어야 좋고 싫은 감정을 느끼는 것이 아니라는 사실을 보여준다.

조건형성 원리에 따라 얼마든지 인간의 행동을 바꿀 수 있다고 주장한 심리학자 왓슨Watson은 "내게 정상적으로 발육된 건강한 아이 열두 명과 내가 지정한 그 아이들을 키울 세계를 달라. 그러면 나는 그중 아무나 뽑아 훈련시켜 의사든 법관이든 예술가든 상인이든, 심지어 거지든 도둑이든 그의 재능이나 취미, 직업이나 조상의 인종에 상관없이 내가 선택한 어떤 유형의 전문가라도 만들어 보이겠다"라고 말한 적이 있다. 물론 그의 말은 다소 과장된 면이 없지 않으나 그는 실험을 통해 인간의 감정이나 성격, 행동 특성도 조건형성에 의해 학습된다는 사실을 밝혀냈다.

왓슨은 11개월 된 앨버트라는 아이에게 흰쥐를 보여주었다. 처음에 앨버트는 흰쥐에 호기심을 보이며 만지려고 가까이 다가가는 반응을 보였다. 다음번에 앨버트가 흰쥐를 보고 다가가려고 할 때 왓슨은 커다란 쇳소리를 들려주었다. 앨버트는 큰 소리에 깜짝 놀랐다. 이런 식으로 흰쥐를 보여주면서 큰 소리를 반복해서 들려주었더니 앨버트는 차츰 흰쥐를 무서워하기 시작했다. 처음에는 호기심의 대상이었던 흰쥐가 반복적으로 큰 소리와 짝지어 제시됨으로써 공포감을 불러일으키게 된 것이다. 이 실험은 공포가 조건형성된다는 것을 분명하게 보여준다.

아이를 양육할 때 처벌보다는 칭찬을 활용하라는 말을 들은 적이 있을 것이다. 또 사랑의 매가 필요하다는 주장에도 일면 수긍할 것이다. 그렇다면 처벌은 무조건 나쁜가? 바람직한 행동을 가르치기 위해서는 칭찬이 효과적이다. 그러나 부모는 아이가 바람직하지 않은 행동을 하지 않도록 하기 위해서 종종 처벌을 사용한다. 처벌이 가지고 있는 위험성은 처벌을 받는 것과 동시에 벌을 주는 부모에게 공포감이나 적대감, 혐오감과 같은 부정적 감정이 조건형성되는 것이다. 이런 경험이 반복되면 벌을 받지 않더라도 조건형성에 의해 부모를 보기만 해도 두렵고 싫은 감정이 생긴다. 처벌이 가지고 있는 눈에 보이지 않는 부정적 효과는 바로 조건형성에 의해 공포나 혐오감이 생기는 것이다.

(3) 자라 보고 놀란 가슴

앨버트의 사례를 좀 더 들어보자. 그 후 앨버트는 하얀 털이 난 짐승을 보면 무서워했다. 이런 공포감은 점차 털이 난 짐승 전반으로 확산되었으며, 나중에는 심지어 모피 코트를 보고도 공포반응을 보였다고 한다. 이것은 공포감을 일으키는 조건자극(흰쥐)이 더 넓은 범위, 즉 털이 난 짐승이라든가 털 코트 같은 것으로 확산되었음을 의미한다. 심리학에서는 이를 가리켜 자극일반화라고 한다. 공포를 불러일으켰던 조건자극과 관계가 있거나 비슷한 특징을 가진 대상이라면 쉽게 조건반응을 일으킬 수 있는 것이다. '자라 보고 놀란 가슴 솥뚜껑 보고 놀란다'는 말은 바로 이런 경우를 가리키는 속담이다.

광장공포증이 있는 공황장애 환자의 경우 처음에는 공황발작을 경험했던 장소에서 시작하여 점차 두려움을 느끼는 상황이 확산되어 나중에는 아예 밖에 나가기를 꺼리거나 동반자가 있어야만 외출하는 회피행동을 보인다. 이와 같은 회피행동은 조건형성과 자극일반화 과정으로 잘 설명할 수 있다.

일반인이 저 사람은 도대체 뭐 저런 것을 다 두려워할까 하고 생각하는 여러 가지 불안 증상도 알고 보면 이와 같은 경험이 자리 잡고 있는 경우가 많다. 따라서 근거 없는 불안과 공포를 줄이려면 우선은 자라와 솥뚜껑을 구분할 줄 알아야 한다. 그런 다음 자라를 보고 놀랄 까닭이 없다는 것을 이해하고 실제로 놀라지 않는 연습을 하는 것이 필요하다. 이 과정은 치료에 관한 장에서 자세히 보게 될 것이다.

(4) 신체 내부 감각에 대한 조건형성

공황장애의 원인을 조건형성으로 설명하는 입장에서는 공황발작을 신체감각에 대한 조건반응이라고 본다(Wolpe & Rowan, 1988). 즉, 신체 내부의 감각은 공포반응과 불안반응을 일으키는 조건자극이며, 신체감각의 변화를 알아차리는 순간 공포를 느끼는 것은 조건반응이다. 앨버트에게는 흰쥐가 공포를 불러일으키는 큰 소리를 예언하는 단서가 되듯이, 현기증이나 심장의 두근거림은 곧 공황발작이 올 것을 예언하는 단서가 된다.

만일 이처럼 공황발작을 조건반응으로 설명할 수 있다면 치료적으로 큰 의미가 있다. 왜냐하면 약물 없이도 조건반응을 변화시킬 수 있기 때문이다. 앨버트의 예를 들어보자. 앨버트에게 흰쥐는 큰 소리와 짝지어짐으로써 나중에는 큰 소리와 똑같이 공포반응을 불러일으킬 수 있었다. 그러면 앨버트가 흰쥐를 무서워하는 것을 어떻게 고칠 수 있었을까?

이 과정에도 똑같은 조건형성 원리가 사용된다. 흰쥐에 대한 앨버트의 공포감을 없애기 위해 치료 과정에서는 흰

쥐와 공포자극을 짝짓는 대신 흰쥐와 앨버트가 좋아하는
것을 짝지어서 제시하는 것이다. 가령, 큰 소리 대신 맛있
는 아이스크림을 준다든가 아이가 좋아하는 장난감을 손에
쥐어주는 것이다. 물론 아이스크림이나 장난감은 흰쥐에
대한 공포반응을 충분히 이겨낼 수 있을 만큼 긍정적인 감
정을 불러일으킬 수 있어야 한다. 이것을 반복하면 흰쥐는
공포감 대신 긍정적인 감정을 불러일으키거나, 적어도 공
포감을 불러일으키지는 않는다. 이 과정을 가리켜 심리학
에서는 역조건형성counterconditioning이라고 한다.

2) 불안민감성

사람마다 신체감각에 대한 반응이 다르고, 신체감각에 대
해 파국적 해석을 내릴 가능성도 다르다. 정상인이 과호흡을
할 때 느끼는 감정은 다양하며, 과호흡을 한다고 해서 반드시
불안과 불쾌감을 느끼는 것은 아니다. 어떤 사람은 과호흡을
함으로써 유쾌한 흥분을 경험하기도 한다. 또한 심장병으로
인해 가슴이 답답하고 숨이 가쁜 사람이라도 꼭 죽음에 대한
공포를 느끼거나 자제력을 잃고 미쳐버리지는 않을까 하는 두
려움을 갖지는 않는다.

그러면 가슴이 두근거리거나 숨이 차다는 느낌이 들 때 공

황발작을 일으키게 하는 요인은 무엇일까? 한 가지 가능성은 그러한 신체감각이 해롭다는 신념이다. 이런 신념은 불안민감 성과 관련된다. 불안민감성anxiety sensitivity은 불안 증상이 해롭 다는 신념과 불안 증상에 대한 공포감이다(Carr et al., 1993). 예컨대, 불안민감성이 높은 사람은 가슴이 두근거리는 현상은 심장마비가 임박했음을 나타내는 것이라고 믿는다. 반면에, 불안민감성이 낮은 사람은 이를 불쾌하게 느낄 뿐이다.

불안민감성은 불안 증상에 대한 신념이며, 신체감각에 대한 걱정, 인지적 무기력감, 자제력 상실, 심장 및 호흡기 계통의 기능장애 요인으로 구성되어 있다. 공황발작을 많이 겪는다고 해서 꼭 불안민감성이 높아지는 것은 아니다. 또한 과거에 공황발작을 일으켰던 사람보다는 불안민감성이 높은 사람에게서 공황발작이 일어날 가능성이 더 높다. 따라서 불안민감성은 공황발작을 예측할 수 있는 지표이며, 공황장애에 걸리기 쉬운 인지적 취약성을 나타낸다.

3) 공황발작의 인지 모형

클라크Clark는 지금까지도 가장 설득력 있는 공황장애 이론으로 평가되고 있는 공황발작의 인지 모형cognitive model of panic attacks을 제시하였다(Clark, 1989). 공황발작 인지 모형에서는 불안할 때 느껴지는 신체감각을 파국적인 것으로 잘못 해석하기 때문에 공황발작이 일어난다고 본다. 클라크의 설명에 따르면, 공황발작은 락테이트나 요힘빈, 카페인, 이산화탄소 등 광범위한 생화학적 물질들에 의해 촉발될 수 있다. 그러나 이 물질들이 공황과 관련된 신체감각을 유발하는 것은 사실이지만 직접 공황발작을 유도하는 것은 아니며, 단지 이 물질들에 의해 유발된 신체감각을 실제보다 훨씬 더 부정적이고 임박한 재앙으로 잘못 해석할 때 공황발작이 오는 것이다. 바로 이것이 공황장애에 관한 대표적인 심리학적 설명이다.

클라크는 락테이트를 사용해서 직접 공황발작을 유도한 실험을 통해 생물학적 공황장애 모형과 공황발작 인지 모형을 직접 비교·검증하였다. 실험 내용을 보면 10명의 공황장애 환자에게 특별한 설명을 해주지 않은 상태에서 락테이트를 정맥으로 주입한 결과 9명의 환자가 공황발작을 일으켰다. 또 다른 10명의 공황장애 환자에게는 "락테이트는 우리 몸 안에 있는 자연적인 물질인데, 운동을 하거나 술을 마셨을 때와 비슷한 신체감각을 초래합니다. 락테이트가 주입되는 동안 강렬한 신체감각을 경험하는 것이 정상입니다. 그러나 이 신체감각이 위험하거나 혐오스러운 것은 아닙니다"라는 지시와 함께 락테이트를 주입하였다. 그 결과 설명을 들은 10명의 공황장애 환자 중에서 3명만이 공황발작을 일으켰다. 이 실험은 락테이트로 유발된 신체감각을 파국적인 경험으로 받아들이지 않도록 지시를 주거나, 환자 자신이 그렇게 생각했던 경우에는 공황발작이 차단될 수 있음을 입증한 것이다.

그림으로 제시한 공황발작에 이르는 악순환의 고리를 보면, 공황발작은 불안 자체보다는 흥분이나 분노와 같은 강한 감정이나 격렬한 운동으로 생기는 신체감각을 실제보다 더 위험하고 파국적인 결과를 가져오는 것으로 잘못 해석함으로써 시작될 수 있다. 불안해서 가슴이 두근거리거나 숨이 차고 어지러움을 느낄 때 공황장애가 있는 사람은 정상인에 비해 상당히 많은 걱정을 한다. 이러한 근심과 걱정은 자율신경계를

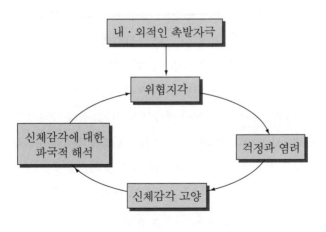

〈공황발작에 이르는 악순환〉

흥분시켜서 신체감각을 더욱 증폭시키며, 그렇게 되면 곧 심장마비가 오거나 질식해 죽을 것만 같고 기절하거나 미치는 게 아닐까 생각하게 된다. 이러한 생각은 더 큰 위협이 되므로 더욱더 가슴이 뛰고, 점점 더 파국적인 생각을 하게 만들어 결국에는 극심한 공황발작에 이른다.

반복적으로 공황발작을 일으키는 사람인 경우에는 이 과정이 자동화된다. 그래서 자기도 모르는 사이에 파국적인 생각을 하게 되며, 이런 사실을 알아차리기도 어렵다. 특별한 단서 없이 갑자기 나타나는 공황발작이나 자다가 일어난 갑작스러운 공황발작도 역시 자신이 인식하지 못하는 사이에 자동적으로 내려진 파국적 해석의 결과로 설명할 수 있다.

이 주장을 뒷받침하는 증거는 풍부하다. 공황장애가 있는 사람은 보통사람보다 자신의 신체적 감각에 상당히 주의를 기울이고 있으며, 예민한 반응을 보인다. 또한 이들은 위험이 임박했다는 생각 뒤에 공황발작이 왔다고 보고하며, 특정한 신체감각을 알아차린 후 이런 생각이 들었다고 한다. 공황발작이 일어났을 때와 비슷한 신체 상태를 만드는 약물을 주입해도 약물 때문에 생기는 신체감각을 위험한 것으로 잘못 해석할 때만 공황발작이 일어난다. 그리고 첫 공황발작 당시에 경험했던 신체감각에 대해, 그것은 불안한 상태에서 정상적으로 올 수 있는 반응이며 생각처럼 끔찍한 결과를 초래하는 것이 아니라고 분명하게 설명해준 경우에는 공황발작의 횟수가 감소되는 것을 볼 수 있다(Hibbert, 1984).

공황발작 인지 모형에서는 '신체감각에 대한 파국적인 해석' 과정이 공황발작에 이르는 핵심 기제라고 주장한다. 공황발작이 있을 때 경험하는 강렬한 신체적 불안 증상과 더불어 신체감각을 실제보다 더 부정적이고 치명적인 재앙이 임박한 것으로 잘못 해석하는 특유의 인지 과정이 공황발작을 초래한다.

저자의 연구를 통해서도 공황발작을 경험한 사람이 불안과 관련된 신체감각이나 신체 증상을 임박한 재앙으로 받아들이고 있음을 알 수 있었다. 이들은 가슴이 두근거릴 때는 심장마비나 죽음을, 사지가 저리고 마비되는 것 같을 때는 중풍이나 반신불수 혹은 죽음을, 그리고 현기증이 날 때는 기절이나 뇌졸중, 뇌손상, 뇌사와 같은 치명적인 뇌기능 이상을 떠올렸다. 비록 공황발작이 있을 때 경험하는 신체 증상이 강렬하기는 하지만, 죽음과 직결되거나 돌이킬 수 없을 만큼 치명적인 증상은 아니다. ◈

3. 공황장애 경과에 영향을 미치는 요인

1) 예측 가능성과 통제 가능성

주변에서 벌어지는 혐오스러운 사건이 얼마나 예측 가능한가, 그리고 얼마나 통제 가능한가 하는 것은 심리적 장애의 진행 과정에 중요한 영향을 미친다. 예측 가능성은 기대나 예언이라고 볼 수 있다. 공황장애를 가진 사람은 흔히 가슴이 심하게 두근거리면 심장마비가 올 것이라고 생각한다. 예를 들어, 만일 백화점에 간다면 공황발작이 올 것이라고 예상하고, 공황 증상은 도저히 자기가 통제할 수 없다고 믿는 경우가 흔하다. 이와 같은 예측 가능성과 통제 가능성은 공황장애의 경과에 영향을 주고 공황 증상을 유지시키는 중요한 요인이다.

(1) 예측 가능성에 관한 엇갈린 주장

많은 심리학 이론이 공황장애의 경과에 영향을 미치는 중요한 요인으로 예측 가능성, 즉 기대요인을 꼽는다(Reiss, 1991). 그런데 기대요인에 관한 심리학 연구는 상반되는 2가지 주장으로 요약할 수 있다.

① 늑대와 소년

누구나 알고 있는 동화를 한 번 생각해보자. 양치기 소년이 심심해서 늑대가 나타났다고 소리를 질러 온 마을 사람들을 놀라게 하는 장난을 쳤는데, 나중에 진짜 늑대가 나타났을 때 마을 사람들이 소년의 말을 거짓말이겠거니 생각하고 도와주러 나타나지 않아 혼쭐이 났다는 이야기다.

물론 이 이야기는 거짓말을 하면 안 된다는 교훈을 담고 있지만, 지금 여기서 우리가 살펴보고자 하는 것은 기대가 깨지면 다음에는 믿음이 약화된다는 원리다. 이것은 굳이 설명이 필요하지 않을 만큼 사람들이 경험을 통해 익히 알고 있는 사실이다. 가령, 기대가 크면 실망도 큰 것이나 전혀 기대하지 않았던 깜짝 파티가 더욱 즐거운 것 등을 예로 들 수 있다.

공황발작과 관련해서 생각해보자. 불안 증상을 느끼고 곧 공황발작이 올 것이라고 예상했으나 실제로 공황발작이 일어나지 않았을 때는 어떻게 될까? 일반적으로 예상이 빗나가면 다음에는 그런 예상을 덜 하는 것이 보통이다.

공황장애의 치료방법 중 하나인 공포를 느끼는 상황이나 신체감각을 단계적으로 경험하며 견디는 노출 훈련은 모두 도전검사와 같은 행동치료다. 이 방법이 효과를 나타내는 것은 공포를 느끼는 상황에서 공황발작이 일어나리라고 예상했다가 막상 공황발작이 일어나지 않으면 다음에는 이런 잘못된 기대를 덜 하게 되기 때문이다. 즉, 불안과 관련된 신체 증상을 느끼고 이에 대해 과잉공포를 느끼다가 기대가 깨지면서 오히려 불안을 완화시키는 효과를 가져오는 것이다.

그러므로 이 주장에 따르면 공황발작이 일어나지 않는 범위 내에서 한껏 두려움을 고조시킨 다음, 극적으로 공포감을 해소하는 것이 치료에 도움이 된다고 볼 수 있다.

② 말이 씨가 되는 현상

기대와 관련된 두 번째 주장은 '말이 씨가 된다'는 이야기다. 즉, 공황발작이 올 것이라고 예상하면 실제로 공황이 오기 쉽다는 말이다. 이것을 가리켜 심리학에서는 기대 효과 또는 피그말리온 효과라고 한다. 이해를 돕기 위해 피그말리온 이야기를 살펴보자.

피그말리온은 조각가다. 그는 여인 기피증이 있었기 때

문에 독신으로 살고 있었다. 어느 날 피그말리온은 상아를 깎아 아름다운 여인상을 만들었다. 그리고 자기가 만든 여인상과 사랑에 빠지게 되었다. 그는 상아 조각상에 목걸이도 사다 걸어주고 옷도 걸쳐주었다. 그러다 보니 상아 처녀가 정말 살아 있는 여인처럼 느껴졌고, 피그말리온은 마치 살아 있는 여인을 대하듯 상아 조각상을 대했다. 그러던 어느 날 키프로스 섬에서 비너스 축제가 열렸다. 피그말리온은 여신의 제단에 선물을 바치고 상아 조각상과 결혼할 수 있게 해달라고 정성껏 빌었다. 그날 저녁 피그말리온이 집으로 돌아와 보니 상아 조각상은 살아 있는 여인이 되어 있었다. 간절히 원하던 그의 소원이 이루어진 것이다. 그리하여 피그말리온과 상아 처녀는 비너스 여신이 참석한 가운데 결혼식을 올리고 행복하게 살았다.

사람들은 어떤 기대를 가지고 있으면 자신도 모르게 그 기대가 이루어지도록 행동하는 경향이 있다. 이를 가리켜 자기 이행적 예언self full-filling prophecy이라고 한다. 예를 들어, 인생에 실패할 것이라고 생각하는 사람이 있다고 하자. 그런 사람은 작은 실수에도 쉽게 자포자기하고 굳이 어려운 상황을 벗어나려고 노력하지도 않는다. 왜냐하면 실패할 것이 뻔하다고 생각하기 때문이다. 반면에, 스스로 성공적인 인생을 살 것이라고 생각하는 사람은 실수를 하더라도 쉽게 자포자기하지 않는 다. 그보다는 왜 실수했는지 살펴보고 다음에는 실수하지 말 아야겠다고 다짐할 것이다. 앞으로 이 두 사람의 행동이 어떻 게 달라질 것인지, 그리고 인생이 어떻게 달라질 것인지 상상 하는 것은 그리 어렵지 않다. 사람들은 자기가 기대하는 방향 으로 행동하는 경향이 있기 때문에 결국 그 기대는 맞아떨어 지게 된다. 이것이 바로 기대가 가져오는 효과, 즉 피그말리온 효과다.

그러므로 이 주장에 따르면 공황장애를 치료하기 위해서는 공황발작이 올 것이라는 기대를 최대한 낮추어야 한다.

학자들의 연구를 검토해보면 2가지 주장 모두 일리가 있으 며, 이를 입증하는 자료도 많다. 결국 공황발작이 일어날 것이 라는 기대가 실제로 공황발작을 일으킬 수도 있고, 오히려 기 대가 이루어지지 않음으로써 공황발작을 차단할 수도 있다는 상반된 주장이 있는 셈이다. 앞으로 더 많은 연구가 필요한 영 역이다.

(2) 통제 가능성

공황 증상 중에서 중요한 증상의 하나는 자제력을 잃어버 리는 것에 대한 공포감이다. 자기 스스로 통제할 수 없는 상황에 빠지게 될 것이라고 생각하면 극도로 두려움을 느낀다. 그러므로 스스로 통제할 수 있다는 믿음을 갖는 일은 치료의 중요한 목표가 된다. 물론 이런 믿음은 현실성이 있어야 한다.

자기가 상황을 통제할 수 있다는 믿음을 가지면 공황발작을 줄일 수 있다는 것이 밝혀졌다. 한 가지 예를 들어보겠다.

외국의 한 연구에서는 20명의 공황장애 환자를 대상으로 이산화탄소가 많이 포함된 공기를 흡입하게 하였다. 이 과정에서 환자들은 의자에 앉아 이산화탄소를 마시게 되며, 바로 앞에는 빨간색 불이 장치되어 있다. 연구자는 참가자들에게 "이산화탄소를 흡입하다가 신체적으로 견디기 힘든 상태가 되면 의자 팔걸이에 달린 단추를 누를 수 있습니다. 단추를 누르면 불빛이 깜빡이면서 이산화탄소 흡입량이 줄어들어 불쾌한 신체감각이 사라질 것입니다"라는 설명을 해주었다. 이때 참가자 중 절반에게는 단추를 누르면 빨간색 불빛이 깜빡이게 하고, 나머지 절반에게는 단추를 눌러도 깜빡이지 않게 해놓았다. 그러나 실제로 단추와 불빛은 효력이 없도록 만든 장치였기 때문에 어떤 상황이건 이산화탄소 흡입량은 똑같았다.

자, 어떤 결과가 나왔을까? 단추를 눌러도 불빛이 깜빡이지 않았던 사람들은 자기가 이산화탄소 흡입량을 통제할 수 없다는 것을 알게 되었고, 단추를 누르면 불빛이 깜빡이는 것을 보았던 사람들은 자기가 그 상황을 통제할 수 있다는 믿음을 갖게 되었다. 자기통제감을 가질 수 없는 조건(불빛이 깜빡이지 않는 조건)에서는 80%가 공황발작을 일으킨 반면, 자신이 단추를 누르기만 하면 언제라도 그 상황에서 벗어날 수 있다는 믿음을 가진 사람들(불빛이 깜빡이는 조건) 중에는 20%만이 공황발작을 일으켰다. 뿐만 아니라 이 사람들은 신체 증상의 강도도 낮았고 파국적인 생각도 훨씬 덜 하였다. 이 결과는 자기통제감이 공황발작을 일으키는 데 중요한 요인으로 기여한다는 사실을 보여준다.

2) 정보처리 과정의 편파

인지 이론에서는 사람들에게 비정상적인 행동을 야기하고 유지하게 하는 중요한 요인이 인지적 요인이라고 본다. 이러한 관점은 인지치료라는 새로운 심리치료 형태를 부각시켰으며, 공황장애의 연구와 치료 분야에도 많은 영향을 끼쳤다. 잘못된 생각을 고치는 인지 수정과 이완, 호흡조절 및 신체감각에 대한 체계적인 노출을 포함하는 인지행동치료는 공황장애 환자의 발작 빈도를 뚜렷하게 감소시켰다. 이는 공황장애의 치료에 있어서 인지 병리에 초점을 맞추는 것이 효과적이라는 것을 시사한다. 그러면 공황장애는 인지 과정이 어떻게 잘못되어 있는 것일까?

(1) 세상은 위험한 곳

공황장애 환자의 심리적 측면에 대한 관심은 벡Beck의 공황 장애 환자와의 면담에서 비롯되었다. 벡은 사람들이 정서장 애나 행동장애를 보이는 일차적인 이유는 인지 과정이 잘못되 었기 때문이라고 주장하였다(Beck, 1988; Beck, Emery, & Greeberg, 1985). 그의 주장에 따르면, 불안장애를 가진 사람 은 '과민한 경계체계'를 가지고 있어서 위협 가능성을 안고 있는 자극에 남달리 예민하고, 위험 가능성이 없다는 것을 나 타내는 증거를 무시하는 경향이 있다.

불안장애가 있는 사람은 기본적으로 '세상은 위험하다'는 생각의 틀을 가지고 있다. 이와 같은 생각의 틀은 색안경의 색 깔에 비유할 수 있다. 마치 노란 색안경을 쓰고 보면 세상이 모두 노랗게 채색되어 보이듯이, 세상은 위험한 곳이라는 안 경을 쓰고 바깥세상을 본다면 주변에서 일어나는 일들이 모두 위험하게 비친다. 이처럼 세상을 이해하는 기본적인 틀을 인 지도식cognitive schema이라고 한다. 불안장애 환자가 가지고 있 는 인지도식은 위험도식danger schema이며, 위험도식이 존재한 다는 것은 심리학 실험을 통해 쉽게 확인된다.

공황장애를 가진 사람은 다른 위협자극보다 특히 신체감 각에 예민하고, 이에 대한 공포를 보인다. 외부자극에 대해 위협적인 해석을 내리는 것은 불안반응과 직결된다. 가령,

한밤중에 무슨 소리가 들리는 듯해서 깼다고 치자. 그런데 아무 소리도 들리지 않는다면 당신은 무슨 생각을 하겠는가? 가슴이 답답한 듯해서 깨어났다면 왜 가슴이 답답했을 거라고 생각하는가? 이런 가상의 시나리오를 두고 어떤 생각이 드는지 알아보면 공황장애나 불안장애를 가진 사람이 정상인에 비해 훨씬 더 위협적인 생각을 한다는 것을 쉽게 확인할 수 있다(Harvey et al., 1993).

(2) 자라 보고 놀란 사람 솥뚜껑도 더 잘 본다

우리가 주변 정보를 받아들이고 처리하는 데는 한계가 있다. 신문을 읽으면서 머릿속으로 암산을 한다거나 TV를 보면서 동시에 라디오를 들을 수 없는 까닭은 주어진 시간에 우리 뇌가 처리할 수 있는 정보의 양이 제한되어 있기 때문이다. 그러므로 우리는 주변의 수많은 자극 중 한두 가지를 골라서 처리하게 되며, 그러기 위해서는 특정한 자극에 선택적으로 주의를 기울여야 한다. 이를 가리켜 선택적 주의selective attention라고 한다.

가령, 여러 상인이 물건을 사라고 외쳐대는 시장 한복판이라고 해도 우리는 사려고 하는 물건을 가진 가게 주인과 물건값을 흥정할 수 있다. 복잡한 소음이 들리는 전철역에서도 우리는 전화통화를 할 수 있다. 그리고 음악을 잘 듣기 위해 지

그시 눈을 감는다. 이것은 불필요한 자극을 걸러버리고 듣고자 하는 소리에만 주의를 기울이기 위한 일련의 행동이다. 이런 점에서 선택적 주의는 효율적인 정보처리를 가능하게 해주는 중요한 인지 기능이다.

그러나 선택적 주의는 주변 상황을 잘못 인식하게 만들기도 한다. 일반적으로 불안장애가 있는 사람은 위협 가능성을 가지고 있는 단서에 선택적으로 보다 많은 주의를 기울이고 이와 반대되는 자극은 무시한다. 이런 사람들은 위협자극을 대하면 자동적으로 그곳에 주의가 쏠려서 다른 것을 제대로 살피지 못한다. 특히 공황장애를 가진 사람은 희미하게 보이는 여러 단어 중에서도 신체감각과 관련된 단어나 죽음, 기절과 같은 공황 증상과 관련된 단어를 더 잘 알아본다. 이와 같은 주의 편향이 있기 때문에 불안한 사람은 도처에서 위험한 단서를 더 많이 보게 되고, 공황장애를 가진 사람은 신체감각과 관련된 자극에 더 민감해진다(박현순, 1996; Mogg et al., 1992).

이와 더불어 기억 편향도 있다(Williams et al., 1988). 공황장애가 있는 사람은 생리적인 변화를 느끼면 언제라도 불안했던 상황을 떠올릴 준비가 되어 있다. 이 말은 곧 위협에 대한 생각이 항상 머릿속에서 떠나지 않고 있다는 뜻이다. 예를 들어, '예민하다' '두근거린다'와 같은 단어와 '점잖다' '잠이

온다'와 같은 단어를 섞어서 보여준 다음, 잠시 후에 아까 보았던 단어들을 생각나는 대로 말해보라고 하면 공황장애가 있는 사람은 '예민하다' '두근거린다'와 같은 단어를 훨씬 더 잘 기억해낸다.

최근 많은 문헌과 연구를 고찰한 결과 공황장애 환자의 또 다른 인지 특성이 보고되었다. 그 내용은 공황장애가 있는 사람은 일반적인 기억과제에서 수행이 떨어지는 반면, 장애와 관련된 정서적 정보처리 기능이 뛰어나다는 것이다(Alves et al., 2013).

이와 같은 인지 특성은 동서양을 막론하고 공황을 가진 사람에게 보편적으로 나타나며, 공황을 극복하기 위해서는 인지 과정의 잘못된 점을 찾아내어 이를 바로잡는 것이 중요하다는 사실을 가르쳐준다. ◆

공황장애를 어떻게
치료할 것인가

3

1. 공황장애를 극복하기 위한 마음가짐

사람의 감정은 생각의 영향을 받는다. 똑같은 일이라고 해도 어떻게 보느냐에 따라 절망을 느낄 수도 있고, 힘들지만 이겨내겠다는 마음을 가질 수도 있다. 불안이나 우울과 같은 감정 역시 생각하기에 따라 심해질 수도 있고 가벼워질 수도 있다.

모든 심리적 장애에 대한 치료는 생각에 변화를 가져온다. 그중 인지치료는 생각을 변화시키는 데 초점을 맞춘 치료방법으로서 공황장애 치료에 효과적이다. 인지치료에서는 치료에 의한 인지적 변화가 곧 치료 성과를 나타낸다. 공황장애의 치료는 생화학적인 물질이나 과호흡 혹은 실제 불안 상황에 노출시켜 신체감각에 대한 민감성을 둔감화하는 행동치료 절차와 잘못된 인지 과정을 바로잡아 주는 인지치료기법으로 구성된다. 이 둘을 합쳐 인지행동치료라고 부른다. 특히 공황발작을 일으키는 핵심 기제인 신체감각과 파국적인 생각 간의 연결 고리를 끊어 주는 치료기법은 공황발작을 차단시키는 데 매우 효과적인 것으로 보고되었다.

1) 자기점검

공황장애 치료를 받기 위해서는 우선 스스로가 공황장애에 해당하는지 파악하는 것이 중요하다. 앞서 공황장애에 관한 진단기준이 제시된 바 있다. 그것을 염두에 두고 그와 같은 경험을 한 적이 있는지 다시 한 번 확인해보자. 만일 공황발작이나 공황장애 진단기준에 부합하는 경험이 있다면 즉시 치료를 받는 것이 좋다.

공황발작이 오면 사람들은 나름대로 여러 가지 대처를 하게 된다. 그러나 대부분의 대처 방식은 일시적으로 공황발작을 견딜 수 있게 해주지만 근본적인 해결책은 아니며, 오히려 해로운 경우도 있다.

공황발작이 반복되면 점차 회피행동이 생긴다. 특정한 장소나 상황 혹은 대상을 멀리하거나 꺼리는 것이 회피행동이다. 백화점이나 식당, 극장과 같이 사람이 많이 모이는 곳을 피하는 광장공포증은 가장 두드러진 회피행동의 하나다. 하지만 일상생활에서 잘 드러나지 않는 회피행동도 많다. 가령, 버스나 지하철과 같은 대중교통수단이나 혼자 운전하는 것, 엘리베이터, 지하 공간, 목욕탕과 같은 장소 그리고 커피 같은 카페인이 든 음료, 운동, 성관계나 격렬한 스포츠 관람과 같이 신체적인 흥분을 일으킬 만한 활동 등도 흔히 회피하는 것이다.

대부분의 회피행동은 공황발작을 경험한 후 생기는데, 이것은 발작을 일으켰던 것과 비슷한 상황을 다시 접하려고 하지 않는 자기보호 반응의 하나다. 그러나 회피행동이 두드러지면 출장이나 출퇴근, 업무상의 사교적인 접촉 등에 제약을 받기 때문에 사회생활은 말할 것도 없고 일상생활에도 많은 지장을 초래한다.

공황발작이 일어날 것 같은 상황에서 주의를 분산시켜 다른 곳에 집중함으로써 불안을 처리하는 방법도 있다. 여기에는 음악을 듣는다든지, 성경이나 불경을 읽는다든지, 찬물로 세수를 한다든지, 염주를 만진다든지, 가까운 사람과 이야기를 나눔으로써 불안한 상황을 잊는 것 등이 있다. 그러나 이 방법도 일시적으로는 도움이 되지만 공황발작 자체를 막아주지는 않는다. 심리적인 안전감을 주는 대상으로 우황청심환이나 항불안제, 부적, 십자가, 마스코트 등을 지니고 다니는 경우도 많다.

2) 좋은 관찰자 되기

감정에 압도당하면 자기 자신과 자기 주변에서 도대체 무슨 일이 일어나고 있는지 객관적으로 관찰할 수 없다. 생사를 가르는 치열한 전투 속에서 극도의 공포를 느끼는 병사는 웬만한 부상을 당해도 자기가 부상당한 줄 모른다. 그만큼 압도적인 감정은 생각이나 판단을 마비시키는 힘을 가지고 있다.

공황 증상을 조절하기 위해 가장 먼저 해야 할 일은 감정에 압도되지 않는 것이다. 그러기 위해서는 냉정하게 지금 무슨 일이 벌어지고 있는지 관찰하는 능력을 기르는 것이 중요하다. 그래야만 또다시 찾아올 공황발작에 대비할 수 있다. 감정에 휩쓸리지 않고 자기가 처한 상황을 객관적으로 바라볼 수 있게 되면 보다 정확한 현실 판단을 할 수 있고, 적응에 도움이 되는 행동을 할 수 있다. 그러면 이제부터 무엇을 관찰할 것인지 알아보자.

(1) 무엇이 공황을 촉발하는가

공황 증상이 나타났던 순간을 객관적으로 관찰하면 우선 어떤 상황에서 얼마나 자주 공황발작이 일어나는지 알 수 있다. 집에 혼자 있을 때 발작이 오는지 아니면 여러 사람과 함께 있을 때 오는지, 또는 스트레스가 많을 때인지 아니면 특별한 스트레스가 없는 상황에서 일어나는지 등 공황발작을 촉발하는 요인에 대해 알 수 있다. 공황발작을 촉발하는 상황이나 사건을 파악한다면 이를 조절하기가 훨씬 수월해진다. 가령, TV 스포츠 경기를 보다가 흥분하거나 목욕탕에서 더운 김이 올라올 때 공황이 오면 어쩌나 하는 예기불안을 느낀 뒤에 발작이 자주 일어난다는 것 등을 파악할 수 있다면 이런 상황에서 자신의 행동을 조절할 수 있다.

(2) 어떤 신체반응을 느끼는가

위험을 감지하면 뇌는 이 정보를 자율신경계에 전달한다. 그러면 교감신경계가 활성화되어 우리 몸이 위험에 맞서 싸우거나 도망칠 수 있는 체제로 전환된다. 이 단계에서는 교감신경계의 지배를 받는 모든 기관에서 일시에 응급반응이 일어난다. 마치 한 국가가 평온한 상태에 있다가 전쟁에 돌입할 때 모든 분야의 기능이 일시에 전시체제로 바뀌는 것과도 같다. 그렇기 때문에 공황발작이 왔을 때는 한두 가지 증상만 나타나는 것이 아니라 교감신경계의 흥분에 따르는 모든 증상이 한꺼번에 나타나게 된다.

그 결과 여러 가지 신체감각을 느낀다. 가슴이 두근거리고, 손발이 차고 저리며, 얼굴이 창백해진다. 으스스한 공포라는 말이 있듯이 따뜻한 날에도 손발이 차가워지거나 오한을 느낄 수 있다. 이런 감각은 위험에 직면했을 때 누구나 경험하는 정상적인 감각이다. 응급 상태에서는 더 많은 산소가 필요하기 때문에 호흡이 빨라지고 깊이도 깊어진다. 그러나 호흡 속도가 빨라지면 충분히 깊은 숨을 쉬기 어렵다. 이런 상태가 계속되면 숨이 차고 질식할 것 같은 느낌이 들면서 가슴 부위가 죄어드는 것처럼 통증을 느낀다.

응급반응을 할 때는 땀도 많이 나는데, 이것은 체온을 조절하고 피부를 매끄럽게 해서 적으로부터 쉽게 빠져나올 수 있도록 하기 위한 것이다. 그리고 눈동자가 커져 시야가 넓어지고 주변을 더 잘 볼 수 있게 되는데, 때로는 이로 인해 눈이 부시기도 하다. 아울러 많은 근육이 긴장해서 수축되어 있는 상태이기 때문에 몸의 통증이나 딱딱하게 굳은 것 같은 불편함을 느낀다. 입에 침이 마르고 내장으로 가는 피의 양이 줄어들며, 내장의 운동 기능도 떨어지기 때문에 속이 메스껍거나 거북하게 느껴진다.

신체적 응급반응은 몸의 신진대사를 촉진시키고 외부자극에 민감하게 대응하도록 만들어준다. 이 과정에서 많은 에너지가 소모되기 때문에 응급반응 뒤에는 피로를 느끼게 된다.

그러나 응급반응 과정은 우리 몸을 준비시키는 보호반응이므로 그 자체가 결코 해로운 것은 아니다. 응급반응이 끝나면 교감신경계와 반대 기능을 가진 부교감신경계가 활성화되어 우리 몸은 다시 평온한 상태를 회복한다. 결국 불안이나 공포 반응은 끝없이 계속되는 것이 아니다. 교감신경계의 흥분이 가라앉을 때까지는 불안하고 예민한 상태가 지속되지만 결국 부교감신경계가 활동해 평정을 되찾는다.

(3) 어떤 생각이 드는가(인지 증상)

위험이 닥쳐오면 사람들은 여러 가지 생각을 한다. 무엇보다 먼저 떠오르는 것은 '어떤 위험인가?' 그리고 '어떻게 해야 하는가?' 하는 생각이다. 이것은 우리가 처한 위험 상황이 어떤 상황인지 파악한 다음 그 상황에 어떻게 대처할 것인지 결정을 내리는 과정으로서, 정확한 상황 판단과 빠른 대처 행동을 통해 위험으로부터 벗어나는 일련의 반응이다.

그러나 때로는 위험을 느끼는 순간 주변 상황을 탐지해봐도 분명한 위험요인을 발견하지 못할 때가 있다. 그러면 우리는 자기 자신의 내부를 탐색하면서 자신의 내부에서 뭔가 위험한 일이 일어나고 있는 것은 아닌지 살펴본다. 그러다가 자신의 내부에서 위험이 일어나고 있고 그것을 스스로 통제할 수 없다는 부정적인 해석을 하게 되면, 불안과 공포가 심해지면서 결국 공황 상태에 이르게 된다. 공황장애와 다른 불안장애를 구분하는 인지적 특성은 바로 이와 같은 파국적인 생각이다.

◆ 공황의 신체 증상과 이에 수반된 파국적인 생각

신체 증상	수반된 파국적인 생각
1. 가슴이 두근거린다.	심장마비, 죽음, 공황이 오는구나, 의식상실, 미치는 것 아닌가.
2. 손발이 차고 팔다리가 저린다.	중풍, 마비, 반신불수, 죽음, 사후세계, 공황공포, 기절, 뇌손상, 약물중독, 경련
3. 현기증이 난다.	기절, 뇌손상, 뇌사, 뇌졸중, 의식불명, 공황공포, 중병, 저혈압, 죽음, 암흑
4. 숨이 막힌다.	질식, 죽음, 의식상실, 심장마비, 뇌마비, 이건 실제 상황이 아니다.
5. 머리가 아프다.	뇌출혈, 뇌졸중, 중풍, 의식상실, 머리가 꽉 막혀 멍하다, 뇌종양
6. 가슴이 답답하게 조여든다.	질식사, 죽음, 심장파열, 미치는 것 아닌가.
7. 내가, 내 주변이 이상하게 보인다.	미치는 것 아닌가, 뇌암, 뇌졸중, 뇌출혈, 죽음, 사람을 불러야지.
8. 오한이 나거나 온몸이 달아오른다.	공황공포, 죽음, 미치는 것 아닌가, 신경성이다.
9. 메스껍고 속이 거북하다.	암, 속병, 구토
10. 온몸이 떨린다.	죽음, 기절, 신경이 놀람
11. 시야가 흐리고 시력이 이상하다.	죽음, 눈이나 뇌에 이상, 중풍

출처: 박현순(1996).

〈공황 기록표〉

날짜 및 시간: 지속시간:

장소: 동반자:

상황: 예상여부: 예상함(　) / 예상 못함(　)

스트레스 정도   0 - 1 - 2 - 3 - 4 - 5 - 6 - 7 - 8 - 9 - 10

              전혀 없음   중간 정도   극심함

주요 신체감각	떠올랐던 생각	행동
1.	1.	1.
2.	2.	2.
3.	3.	3.
4.	4.	4.

공포 정도   0 - 1 - 2 - 3 - 4 - 5 - 6 - 7 - 8 - 9 - 10

              전혀 없음   중간 정도   극심함

저자의 연구를 통해 공황이 찾아왔을 때 동반되는 신체 증상과 파국적인 생각을 볼 수 있다. 공황장애 환자는 공황이 왔을 때 가장 고통스러운 증상으로 2가지 이상의 신체 증상을 꼽았다.

그 밖에도 치명적인 상태에 빠질 것이라는 다양한 생각이 있다. 공황발작이 왔을 때 왜 그런 생각을 갖게 되는지, 그리고 그 결과 어떻게 되었는지를 자문해볼 필요가 있다. 자신이 가지고 있는 잘못된 생각은 무엇이었으며, 잘못된 생각으로 인해 상황이 어떻게 전개되어가는지를 파악하는 것이 중요하다. 그런 생각이 옳지 않다는 것을 알면서도 그 생각을 바꾸지 않은 결과로 공황 증상이 더 악화된다는 것을 알게 될 것이다. 잘못된 생각을 바꾸지 않을 경우에 공황은 치명적인 결과를 초래할 것만 같은 끔찍한 경험이 되고 만다.

(4) 행동

서성대거나 안절부절못하고, 조바심을 내거나 얼어붙듯이 꼼짝도 못하는 등 공황과 직접 관련된 행동뿐만 아니라 공황과 관련된 장소나 시간, 카페인이 든 음료를 피하는 것, 그리고 혼자 외출하지 못하고 누군가 함께 나갈 동반자를 찾는 등의 모든 회피행동이 관찰 대상이 된다.

지금까지 우리는 공황발작과 관련해 스스로 관찰해야 할 것이 무엇인지 알아보았다. 공황 증상은 크게 생리적 반응과 신체감각을 포함하는 신체적 요인, 죽음이나 자제력을 상실할 것 같다는 생각과 같은 인지적 요인, 그리고 공황에서 벗어나기 위한 일련의 행동과 회피행동 같은 행동요인이 있다. 이 3가지 요인은 공황 증상의 3요소라고 볼 수 있으며, 개인과 상황에 따라 주요 요인이 달라진다. 가령, 어떤 사람은 맡은 일은 잘 해나가지만 뒷목이 뻣뻣하고 두통을 자주 호소하는가 하면, 어떤 사람은 항상 다른 사람들 앞에서 자제력을 잃고 망신을 당하면 어떻게 하나 걱정할 수 있다. 아울러 다른 사람들 앞에서 자제력을 잃어버리는 것에 대한 공포가 있는 사람이라고 할지라도 집에 있을 때와 직장에 있을 때 그 염려 정도는 다르다. ◈

2. 공황장애의 인지행동치료

공황장애의 치료에서는 인지적 해석 과정의 오류를 바로잡고 행동을 수정하는 인지행동치료가 매우 효과적인 것으로 알려져 있다. 공황장애의 인지행동치료는 공황 증상의 3요소 각각에 대한 치료로서 신체감각에 대한 민감성을 떨어뜨리는 훈련, 신체감각에 대한 파국적인 해석 과정을 교정하는 인지 재구성 훈련, 전반적인 회피행동을 완화시키는 행동치료가 복합되어 있다.

최근의 치료적 동향을 살펴보면 인지행동치료의 효율성은 불안과 관련된 감각에 대한 공포를 수정하는 것에 달려 있다. 오토Otto는 인지행동치료가 다른 심리치료에 비해 중도 탈락률이 낮은 이유는 정확히 문제에 초점을 맞춘 간명한 치료이기 때문이라고 주장한 바 있다(Otto, 2002). 그렇다면 통상적인 인지행동치료 횟수에 비해 얼마나 짧은 치료 횟수에서 치료적 효과를 얻을 수 있을까?

클라크Clark 등은 5주에 걸친 치료가 끝난 뒤 3개월에 걸쳐 두 번의 추수치료를 받는 간략한 인지행동치료 프로그램을 제공했다(Clark et al., 1999). 이 프로그램에서 치료자는 단 6.5시간을 치료에 투자했는데 놀랍게도 그 효과는 12주 치료와 두 번의 추수치료로 구성된 통상적인 인지행동치료 프로그램과 대등한 결과를 나타냈다. 그 효과는 1년 뒤 추수 평가 시에도 그대로 유지되었으며, 통상적인 인지행동 프로그램보다 중도 탈락률도 낮았다. 크라스케Craske 역시 4주에 걸친 초단기 인지행동치료 프로그램에서 같은 결과를 얻었다(Craske, Maidenberg, & Bystritsky, 1995).

결론적으로 단기 인지행동치료 프로그램은 통상 12회로 구성된 인지행동치료 프로그램이 제공할 수 있었던 극적인 치료 효과를 단기간에 보여주었다. 즉, 치료적 변화의 핵심 요인에 초점을 맞춤으로써 공황장애 치료를 위한 초단기 인지행동치료 프로그램의 효과가 검증된 것이다(Otto et al., 2012).

여기에서 제시하는 인지행동치료 프로그램은 세계적으로 유명한 제릴린 로스의 '불안·공황·공포증 극복 프로그램 triumph over fear'(Ross, 1994) 및 발로우와 크라스케의 '불안과 공황 극복 프로그램mastering anxiety and panic'(Barlow & Craske,

1991)을 기초로 하여 재구성한 내용이다.

1) 훈련에 앞서 익힐 것

(1) 목표 설정

만일 당신이 처음으로 공황장애 치료를 시작한다면 우선 다른 사람들의 증상에 관심이 많을 것이다. 나보다 더 심한 증상을 가진 사람도 있을 것이고, 증상이 덜한 사람도 있을 것이다. 다른 사람의 증상을 들어보는 것도 나쁠 것은 없다. 왜냐하면 공황 증상은 전염되는 것이 아니기 때문이다. 그러나 다른 사람의 증상을 들으면서 그동안 공황으로 인해 얼마나 생활이 엉망이 되어버렸는지 하는 부정적인 생각보다는 앞으로 공황을 극복하기 위해 어떻게 할 것인지를 생각해야 한다. 구체적으로 목표를 세우기 위해서는 스스로 다음과 같은 질문에 대답해보는 것이 좋다.

"내가 어떤 행동을 할 수 있을 때 공황 증상에서 회복된다는 것을 확인할 수 있을까?" "공황 증상으로 인해 내 생활이 방해받지 않는다면 나는 어떤 일을 할 수 있을까?" 이 2가지 질문에 대한 답은 치료 과정의 중간 목표와 최종 목표에 해당할 것이다. 목표 설정에서 중요한 것은 감정이 아니라 분명히 관찰하고 평가할 수 있는 행동이나 구체적인 활동으로 목표를 잡아야 한다는 것이다. 예를 들어, 당신이 공황에 대한 공포로 슈퍼마켓에 가지 못한다면 목표는 '불안해하지 않고 슈퍼마켓에 다니는 것'이 될 수 있다. 불안한데도 슈퍼마켓에 다녀올 수 있을 때 진정한 치료 효과가 나타난다. 그러므로 바람직한 목표는 '가족을 위해 일주일에 한 번은 슈퍼마켓에 장 보러 가기'라고 세우는 것이 좋다.

최종 목표에 이르려면 몇 개의 중간 단계를 두어 중간 목표를 세우고 이를 달성하는 연습을 하는 것이 좋다. 예를 들어, 서울에 살고 있는 당신이 집을 떠나지 못한다면 최종 목표는 '대전의 이모 댁에 혼자 다녀오는 것'이 될 수 있다. 이를 위한 중간 단계의 목표는 '남편과 함께 집을 떠나 밖에서 하루 자고 오는 것'으로 잡을 수 있다.

(2) 〈일일기록지〉 쓰기

매일의 활동 연습을 〈일일기록지〉에 쓰는 것은 시간과 노력이 많이 들기 때문에 처음에는 쉽지가 않다. 그러나 기록을 하면 자신이 어떻게 나아지고 있는지를 분명하게 볼 수 있으며, 공황을 극복하는 과정에서 〈일일기록지〉가 얼마나 가치 있는지를 깨닫게 될 것이다. 왜냐하면 공황 증상이 나아지고 있는지 확실치 않을 때 〈일일기록지〉를 검토해보면 분명히 알 수 있고, 증상이 나아지고 있지 않다면 왜 그런지, 또 자기도 모

〈일일기록지〉

년   월   일

과제를 시작하기 전	과 제	시간	누구와	예상 불안점수	벗어날 방법	
	운전하고 유치원에 가서 아이들 데려오기	오후 2시	옆집에 사는 친구와 함께	9	만일 내가 불안해지면 친구가 대신 운전한다.	

과제를 끝마친 후	최고 불안 점수	불안 지속 시간	신체 증상	떠올랐던 생각	도움이 되었던 방법	만족도
	6	갈 때 약 15분	1. 가슴이 심하게 두근 두근 2. 뒷목이 뻣뻣하고 두통 3. 어지러움	1. 생각보다 심하진 않아. 2. 애가 타고 있을 때 공황이 오면 어떻게 하지?	1. 밝게 웃으며 뛰어 오는 아이 얼굴 그려 보기 2. 100에서 3씩 빼면서 세기	만족함

르게 어떤 활동을 회피하고 있는지 파악할 수 있어 다음 목표를 잡을 수 있기 때문이다. 〈일일기록지〉에는 반드시 날짜를 기록해서 함께 묶어둔다.

① 과제를 시작하기 전

먼저, 그 주에 자신이 하고 싶은 일이나 활동을 목표로 세우고, 주간 목표를 달성하기 위해 필요한 일일 과제 활동을 잡는다. 일일 과제 역시 분명하고 구체적인 활동으로 잡아야 한다. 그리고 다음은 시간을 미리 정해서 써넣는다. 이것은 매우 중요하다. 왜냐하면 정해진 시간이 되면 당신은 어떤 상태에 있든 간에 연습에 들어가고, 자신의 예기불안이 어떠한지, 그리고 어떤 시간에 연습하는 것이 가장 효과적인지 파악할 수 있기 때문이다. 이와 함께 과제를 할 때 누구와 함께하고 싶은지를 기록한다. 혼자 하고 싶으면 '혼자' 라고 적는다. 그리고 과제를 할 때 예상되는 최고의 불안 상태를 0점('전혀 불안하지 않을 것이다')부터 10점('틀림없이 공황발작이 일어날 것이다')까지 매긴다. 이것은 순전히 당신이 생각해서 적는 것이므로 정답이 따로 없다. 과제를 도와주는 사람이 있을 경우에는 예상되는 불안점수를 미리 알려주는 것이 좋다. 그러면 이 과제가 당신에게 얼마나 어려운 과제인지 이해하고 격려해줄 것이다.

마지막으로 벗어날 방법을 생각해서 적는다. 벗어날 방법은 상상해서 써도 좋고 실제 사용할 방법을 적어도 좋다. 설령 말도 안 되는 비합리적인 생각이라 할지라도 벗어날 방법이 있다고 미리 생각해두면 두려운 상황에 들어가기가 쉬워진다. 과제 도중 두려움을 느낄 때 언제라도 벗어날 수 있는 방법이 있다는 것이 과제에서 벗어나고 싶은 충동을 줄여주고 불안을 일으키는 상황에 사로잡히는 일이 없게 해줄 것이다.

② 과제를 마친 후

과제를 마친 다음에는 실제로 체험한 최고의 불안 상태를 0점('전혀 불안하지 않았다')부터 10점('공황발작이 일어났다')까지 점수로 매긴다. 그러고 나서 당신이 예상했던 최고 불안 점수와 비교해보면 매우 흥미로운 사실을 확인하게 될 것이다.

대부분 실제 불안은 예상했던 것만큼 심하지 않으며, 이 사실은 다음번 훈련에 들어갈 때 두려움을 줄여줄 것이다. 또한 처음에 예상했던 것처럼 심한 불안을 경험했다고 할지라도 앞으로는 불안한 상황에서 오래 견딜수록 불안이 줄어든다는 것을 보여주는 지표가 될 것이다.

그다음에는 얼마나 불안을 견뎌냈는가 하는 연습시간을 기록한다. 여기서는 얼마나 힘들었는지가 아니라 실제로 견뎌낸 연습시간이 얼마나 되었는지를 보기 위한 것이다. 이와 함께 불안을 일으키는 상황에서 경험했던 불쾌한 신체감각이나 신체 증상을 모두 기록한다.

떠올랐던 생각을 적는 칸에는 연습을 전후해서 불안감을 증가시키거나 감소시켰던 모든 생각을 다 적는다. 비록 미신과 같은 생각이거나 마술적인 생각이라고 할지라도, 그런 생각을 한 다음 불안이 줄어들었는지 심해졌는지를 반드시 기록한다. 그런 다음 당신의 불안을 완화시킨 생각이 발견되면 다음부터 적극적으로 그 생각을 활용하라. 아울러 과제를 마치는 데 도움이 되었던 방법들을 기록한다. 다른 사람들이 보기에 어리석거나 우스꽝스러운 방법이라고 할지라도 그것은 전혀 문제가 되지 않는다. 그 어떤 방법이라도 당신이 불안한 상황을 견디는 데 도움이 되었다면 빠뜨리지 말고 기록한다. 이렇게 기록하다 보면 불안을 다루는 데 도움이 되는 자신만의 방법을 목록으로 만들 수 있다.

마지막으로 만족스럽게 과제를 달성했는지 여부를 '예/아니요'로 간단히 기록한다. 여기서도 중요한 것은 당신이 과제를 수행하면서 어떻게 느꼈는지가 아니라 그 과제를 해냈는지 여부를 기준으로 평가한다는 것이다. 아마도 당신은 불안해하지 않으면서 그 과제를 해낸 경우에야 만족스럽게 느낄지 모른다. 그러나 명심할 것은 불안을 느끼는 상태에서 불편함을 견디는 것이 공황을 극복하는 지름길이라는 점이다. 그러므로 힘든 상황이지만 참고 그 과제를 해냈다면 자부심을 가져도 좋다.

2) 공황을 극복하는 여섯 가지 지침

공황을 극복하는 데 필요한 6가지 지침을 살펴보자.

(1) 지침의 내용

첫째, 공포를 예상하고 받아들여라. 당신의 생리적 특성상, 그리고 과거 경험상 특정한 생각이나 특정한 상황이 자동적으로 당신의 공포반응에 불을 붙일 수 있다. 공황발작은 전혀 예상치 못한 상황에서 올 수도 있다. 어떤 경우든 불안을 가속하게 하는 악순환의 몸부림에 빠지지 말고 무엇이 일어났는지 인식하고 그대로 내버려두라. 이런 마음가짐은 필사적으로 공황에서 벗어나려고 싸우는 대신, 공황을 받아들이면서도 공포가 당신의 삶에 뛰어들지 못하게 하는 방법을 배울 수 있도록 해준다.

둘째, 공포가 다가오면 멈추어 기다리면서 내버려두라. 일단 불안이나 공포가 일어나면 당신은 최악의 상황이 닥칠 것이라고 예상하고, 아직 닥치지도 않은 끔찍한 재앙으로부터 도망갈 준비를 한다. 이것이 공포와 신체감각을 더욱 강화시

2. 공황장애의 인지행동치료 * 135

킨다. 두 번째 지침은 당신에게 그와 정반대로 행동하라고 가
르친다. 그 장소나 상황에 그대로 머물러 감정을 있는 그대로
느끼면서 내버려두는 것이다. 이 말은 무척 어렵게 들리겠지
만, 한두 번 성공하면 예상했던 것처럼 위험한 일도 생기지 않
고 공황 증상도 점차 사라진다는 것을 믿게 된다.

셋째, 지금 현재 당신이 할 수 있는 일에 집중하라. 앞으로
일어날지도 모르는 위험에 대해 생각하기보다는 지금 현재 무
엇이 일어나고 있는지를 보라. 이것은 생각이 파국적으로 치
닫는 것을 막는 방법이다. 지금 현재 당신이 하고 있는 구체적
인 행동에 확실하게 초점을 맞추면 불쾌한 신체감각과 심리적
인 고통을 감소시킬 수 있다. 바로 '지금 여기서' 자신은 어떤
행동을 하고 있는가, 무슨 일을 할 수 있는가를 생각하면서 그
일을 계속하라.

넷째, 당신의 공포 수준을 10점 척도로 평가하면서 그 변화
양상을 지켜보라. 이 지침은 무엇이 당신을 더 불안하게 만들
고 무엇이 불안을 완화시키는지 파악하기 위한 것이다. 0점은
전혀 불안을 느끼지 않는 것, 그리고 10점은 공황발작이 일어
날 정도의 불안을 갖는 것을 가리킨다. 기록을 하다보면, 일단
불안이 생기더라도 한없이 증폭되는 것이 아니라는 것을 알게
되고 불안을 증가시키거나 감소시키는 요인이 무엇인지 이해
할 수 있게 된다.

　다섯째, 공포와 함께하며 공포를 견뎌낸 성과를 인정하라. 어떤 상황에서 극도의 불안이나 공황을 견뎌내는 것이 두렵다고 해서 굳이 그 상황을 떠날 이유는 없다. 오히려 스스로 불안을 견딜 수 있다는 것을 연습할 기회가 된다. 물론 쉽지 않은 일이다. 하지만 부단한 연습을 통해 이런 사실을 알게 되면 당신은 더 이상 공포를 두려워하지 않을 것이며, 상황을 피하려고 하지 않을 것이다. 그 대신 그 상황에서 자신이 할 수 있는 일이 무엇인지 찾아보고 그 일을 할 수 있게 된다. 아무리 사소하고 무의미한 활동이라도 문제될 것이 없다. 상황을 피하지 않고 어떤 일을 하면서 견뎌낼 수 있다면 당신은 공황 극복에 한 걸음 더 다가선 것이다.

　여섯째, 공포가 또다시 올 수 있다는 것을 예상하고 이를 받아들여라. 모든 배움에는 굴곡이 있다. 그러므로 다시 이전 상태로 되돌아가는 것은 배우는 과정의 일부다. 이를 받아들여라. 여섯 번째 지침은 일시적으로 후퇴할 수 있는 마음가짐이다. 모든 '실패'는 배움의 기회이며 더욱 강해질 수 있는 성장의 걸음이다.

(2) 지침의 효과

　6가지 지침을 크게 써서 책상 앞이나 냉장고 문, 자동차 안, 지갑 속 등 자신이 늘 볼 수 있는 곳에 붙여놓자. 이 지침들은 자신의 상상 속의 위험에 대한 반응을 보다 현실적인 반응으로 바꾸어줄 것이다.

앞서 배운 6가지 지침을 실천하는 목적은 비록 당신이 느끼는 공포가 실감 나게 두려운 것이라고 할지라도 그것이 위험하지 않다는 것을 체험하기 위함이다. 공황이 왔다고 할지라도 당신이 자제력을 잃고 바보짓을 하거나 심장마비를 일으키는 것은 아니다. 공황 상태에서 가장 두렵게 느껴지는 신체감각은 '공포에 대한 공포'로 인해 생긴다. 앞에서 살펴본 6가지 지침은 바로 이 공포에 대해 공포를 갖는 과정을 차단시키는 방법을 가르쳐준다.

공황의 악순환은 당신이 공포에 질리고 말 것이라는 생각에서 출발한다. 그 생각은 '만일 내가 어떻게 된다면 무슨 일이 벌어질까?' '만일 내가 기절한다면?' 혹은 '내가 바보짓을 하게 된다면?' '운전하다가 자제력을 잃게 된다면?' 등이다. 그러면 곧 당신의 머릿속에 온갖 두려운 생각이 밀물처럼 밀려든다. 다시 말해, 맨 처음 공포에 대한 생각이 점점 더 심한 공포를 몰고 와서 결국 당신을 공황에 빠뜨리고 마는 것이다. 그러므로 두렵다는 생각이 들면 바로 그 생각을 차단하거나 바꿀 필요가 있다.

흔히 부정적인 과거 경험이나 아직 일어나지도 않은 미래의 일에 대한 걱정스러운 생각이 반복되는 경향이 있는데, 그

🗝 주의를 다른 데로 돌리는 간단한 활동

1. 앞에서 설명한 6가지 지침을 소리 내서 읽는다. 집중력을 높이기 위해 글자 수를 세어보는 것도 좋다. 앞에서부터 또는 뒤에서부터 큰 소리로 반복해서 읽는다.

2. 100에서부터 3씩 빼거나 7씩, 9씩 빼면서 센다.

3. 눈앞에 보이는 것을 센다. 빌딩의 창문 수, 엘리베이터의 버튼 수, 간판에 있는 글자 수 등

4. 아무에게나 간단한 것을 물어본다. "지금 몇 시죠?" "이 물건은 얼마죠?"

5. 자신에게 격려하는 말을 되뇌인다. '전에도 이런 기분이었지. 그때처럼 지나가고 말 거야. 내가 죽지 않는 한 나는 더 강해질 거야.'

6. 주변에서 보이는 사물을 자세히 설명해본다. "이 간판은 노란색이고, 칠판만한 크기이며, 직사각형 모양의 나무 재질이고, 글자는 12개나 되는구나."

7. 노래나 시, 성경이나 불경의 구절을 외워본다.

8. 좋아하는 사람이나 좋아하는 것의 목록을 만든다.

9. 손목시계의 초침 숫자가 넘어가는 것을 본다.

10. 가슴이 오르내리는 것을 보면서 숨 쉬기에 집중한다.

11. 스스로에게 긴장과 동시에 이완할 수 없다는 사실을 말하라. 그런 다음 의도적으로 온몸을 긴장시켰다가 어느 한 부분을 이완시켜본다.

12. 당신이 정말 가보고 싶은 곳을 마음속에 그려본다. 해변이나 산, 시골집, 휴양지를 그려보고, 함께 있고 싶은 사람을 떠올려본다.

13. 주변에 있는 어떤 것이라도 만져본다. 라디오 다이얼을 모조리 돌려가며 맞춰보거나, 의자 팔걸이에 손바닥을 비벼본다.

런 경우에는 사고 중단법thought stopping을 사용한다. 스스로 그런 생각을 하고 있다는 것을 알아차리는 순간 '그만!' 하고 멈추라. 그리고 즉시 당신이 지금 어디서 무엇을 하고 있는지, 지금 어떤 일이 일어나고 있는지 관찰해보도록 한다. '나는 지금 기절했는가?' '나는 지금 자제력을 잃었는가?' '진짜 다른 사람들이 나를 비웃고 있는가?' 하고 스스로에게 물어보라. 당신은 기절한 것도 아니고, 자제력을 잃은 것도 아니며, 다른 사람들에게 비웃음을 당하고 있는 것도 아니라는 것을 확인할 수 있을 것이다.

3) 연습하기

앞서 살펴보았듯이 회피행동은 학습된 것이므로 거꾸로 학습을 통해 해소시킬 수 있다. 그러나 단순히 그러기를 바라는 마음만으로는 안 된다. 좋지 않은 습관을 없애기 위해서는 부단한 노력과 연습이 필요하다. 회피행동을 극복하기 위한 첫걸음은, 당신이 편안한 상태에 있을 때 어떤 곳이든 당신이 불편을 느끼는 장소로 가보는 데서 출발한다. 처음에는 가능할까 하는 생각이 들 만큼, 그리고 차도가 있는지 없는지조차 쉽게 알 수 없을 정도로 과정이 느릴 수 있다. 그러나 좋지 않은 행동 습관을 바람직한 행동으로 대치하기 위해서는 충분한 연습시간이 필요하다. 연습은 힘들지만 보람 있는 일이다. 바라고 있다고 해서 저절로 변하는 것은 없다.

불쾌한 상황에 들어가 견딘다는 것은 신체적으로나 정신적으로 즐거운 일이 못 된다. 그러므로 용기와 마음을 가다듬는 자세 그리고 꾸준함이 있어야 한다. 언제나 장차 얻게 될 열매를 생각하는 지혜를 갖자. 그 열매는 공포에서 벗어난 당신의 생활이다.

연습에 앞서 염두에 두어야 할 일이 2가지 있다. 첫째는 매일 꾸준히 연습하는 것이다. 공황발작이 호전되는 것은 불안을 일으키는 상황에 들어가 견디는 횟수에 비례한다. 그러므로 빠뜨리지 않고 매일 연습을 반복하는 일은 매우 중요하다. 연습은 실제 생활 속에서 하는 것이 좋으며, 보상이 있으면 더욱 좋다. 예를 들어, 버스에서 공황발작을 일으킨 경험이 있는 사람이 무작정 버스를 타고 견뎌보겠다고 마음먹기보다는, 마음에 드는 물건을 파는 가게까지 몇 정거장 버스를 타고 가서 갖고 싶은 물건을 사는 것을 목표로 잡는 것이 좋다. 왜냐하면 목표를 달성함과 동시에 원하는 물건을 살 수 있는 보상이 있기 때문이다.

둘째는 시험하지 말고 목표를 세운다는 것이다. 단순히 내가 얼마나 견딜 수 있는지 시험해보겠다고 생각하지 말고 실제로 연습하겠다는 마음가짐을 갖는 것이 중요하다. 시험할 때와 연습할 때의 마음가짐은 전혀 다르다. 만일 시험해보겠다는 생각을 가지고 있다면 당신은 시작도 하기 전에 부정적인 결과부터 염두에 두고 불안이 심해지면 언제라도 중단하겠다는 생각이 앞설 것이다. 공포를 느낄 때 곧 연습을 중단하는 것은 공포를 견디는 능력을 얻는 데 오히려 방해가 될 뿐이다. 이와 반대로 연습하겠다는 마음가짐은 자신이 무언가를 통제할 수 있다는 것이며, 자부심과 성취감을 갖게 해준다.

연습은 다룰 수 있는 쉬운 일부터 시작한다. 아무리 사소한 연습이라도 결코 작은 것이 아니다. 각 연습은 〈일일기록표〉에 적은 그 날의 과제에서 출발한다. 과제는 구체적일수록 좋다. 처음 과제가 너무 어려우면 절반으로 줄인다. 그래도 어려우면 또다시 절반으로 줄인다.

가령, 가게에 가서 저녁 찬거리를 사오는 것이 과제라면 우선 가게에 가서 찬거리 한 가지만 사오고 그에 대해 만족감을 느껴본다. 만일 그것이 어려우면 가게에 들어갔다가 나오는 것으로 만족감을 느낀다. 만일 그것도 어렵다면 가게 문 앞까지 가서 몇 분간 서 있는 것으로 만족감을 느껴본다. 만일 그

🔑 연습단계에서 활용할 수 있는 지침

- 합리적이고 도전할 만한 구체적인 목표와 과제를 선택한다.
- 불안을 일으키는 상황에 있을 때는 불안이 곧 가라앉는다는 것을 기억한다.
- 불안한 상황에서 벗어나는 방법을 알고 있되 거기에 매달리지 않는다.
- 도움이 될 만한 방법을 적어서 지니고 다닌다.
- 편안해질 것이라고 기대한다.
- 두렵더라도 그 상황을 떠나지 않는다.
- 공포에 직면한다. 그러면 공포가 사라질 것이다.
- 자신의 성공을 평가한다.
- 아무리 작더라도 진전이 있을 때 즐거워한다.
- 일일기록표를 활용한다.
- 불안을 증가시키는 일을 한다. 그러면 불쾌한 감정을 다루는 법을 배울 수 있다.
- 공황을 피하는 것과 반대되는 행동을 배우고 있다는 것을 명심한다.

것도 어렵다면 집을 나와 가게 쪽으로 10걸음만 가보는 것으로 만족감을 느껴본다. 이런 방식으로 당신이 할 수 있을 만큼만 목표를 잘게 쪼개서 연습을 시작하도록 한다. ◆

3. 호흡조절 및 긴장이완 훈련

이제부터 공황을 극복하기 위해 당신이 도전할 것은 2가지다. 첫째는 위험에 대한 잘못된 정보를 받은 후 나타나는 신체감각을 인식하고 조절하는 것이고, 둘째는 그와 같은 그릇된 정보에 관한 사고 내용을 수정하는 것이다.

1) 호흡조절훈련

우선 신체감각에 대한 민감성을 조절하기 위한 훈련을 해보자. 공황 증상과 관련된 신체감각에 대한 민감성을 완화하기 위해 주로 사용하는 방법은 호흡조절훈련과 근육이완훈련이다. 먼저, 호흡조절훈련의 세부 내용을 배워보자.

(1) 과호흡을 알아차리기

공황장애를 가지고 있는 사람 중 절반 이상이 과호흡 증상을 보인다. 과호흡은 공황 증상의 하나로 나타나기도 하지만 공황을 촉발하는 요인이기도 하다. 따라서 호흡을 조절하는 훈련은 공황 증상을 완화하는 동시에 공황 촉발을 막아주는 역할을 한다. 또한 호흡조절은 전반적인 긴장 상태를 완화시켜 편안한 마음을 갖게 해준다.

호흡은 산소 요구량과 이산화탄소 배출량에 의해 결정되며, 거의 자동적으로 조절되는 생리적인 현상이다. 그러나 물속에서 숨을 참는다거나 풍선을 불 때처럼 호흡도 의도적으로 조절할 수 있으며, 흥분하거나 화가 날 때 씩씩대는 것처럼 감정의 영향 또한 받는다.

과호흡이란 일정한 시간에 우리 몸에서 필요로 하는 것 이상으로 호흡을 깊게 빨리 하는 것을 가리킨다. 공황장애를 가진 사람에게 나타나는 호흡 증상은 과호흡에 의한 증상이다. 과호흡을 하면 어질어질하거나 몽롱하고, 시야가 흐려지며, 주변이 이상하게 느껴지는 비현실감이 나타날 수 있다. 때로는 사지가 저리고 차가워지며, 근육이 수축되어 굳어지는 듯한 느낌이 들기도 한다. 공황 상태에서 과호흡 증상이 있는지 알아보려면 다음과 같은 증상이 나타나는지 확인해본다.

- 놀랐을 때 숨이 멎는 듯하거나 얕은 숨을 쉰다.
- 공기가 부족한 것처럼 질식감이 들거나 숨이 가빠진다.
- 하품이 많이 나거나 한숨을 많이 쉰다.
- 가슴에 통증이 느껴지고, 사지가 저리거나 감각이 마비된 듯한 느낌이 든다.

이러한 감각 자체가 위험하거나 해로운 것은 아니다. 하지만 과호흡은 격렬한 활동이기 때문에 과호흡 후에는 격렬한 운동을 하고 난 뒤와 마찬가지로 땀이 나고 후끈거리며, 과호흡이 지속될 경우 피로해지고 지치게 된다. 과호흡 상태가 되면 뇌에서 곧 위험을 알아차리고 경보를 울리기 때문에 그 상태에서 벗어나려는 강렬한 욕구를 느낀다. 만일 그 상황이 실제로 위험한 상황이라면 과호흡으로 공급된 산소가 위험에 맞서 싸우든지 도망가기 위해 활용되기 때문에 공황 상태에서 경험하는 호흡 증상은 나타나지 않지만, 그렇지 않은 경우에는 혈액 내 이산화탄소의 분압이 낮아져 과호흡 증상이 나타나게 된다.

발로우는 과호흡을 공황장애의 치료에 사용하는 획기적인 방법을 개발하였다. 그는 공황 상태에서 경험한 두려운 신체 감각을 재차 유발하기 위해 치료실에서 과호흡을 시킨다. 즉, 어질어질하거나 다른 신체 증상이 나타날 때까지 1~2분간 깊이 과호흡을 하게 한 다음, 눈을 감고 신체감각이 사라질 때까지 천천히 숨을 쉬게 한다. 그리고 나서 공황이 왔을 때와 치료실에서 과호흡을 했을 때 나타난 증상을 비교하게 하여 과호흡으로 인해 나타나는 증상이 전혀 해롭지 않다는 것을 검증하는 것이다.

그 밖에도 공황 상태의 신체감각을 유발하기 위해 회전의자를 돌리거나 거울의 한 점을 응시하면서 비현실감을 유발하는 방법이 있는데, 이런 과정을 통해 공황 상태와 똑같은 신체감각이 유발되지만 그 자체가 위험하거나 해로운 것은 아니라는 점을 인식할 수 있다.

(2) 복식호흡 훈련

호흡 훈련을 하는 목적은 호흡 증상에 대한 공포감을 줄임으로써 공황 증상을 완화시키기 위한 것이다. 호흡 훈련의 핵심은 집중해서 천천히 고른 호흡을 하는 것이다. 만일 과호흡이 공황발작을 일으키는 요인이라면 편안한 이완 상태를 가져오는 호흡법을 배움으로써 공황발작을 완화시킬 수 있다. 이제부터 배울 호흡법은 복식호흡이다. 복식호흡을 하면 불안할 때 나타나는 증상을 많이 가라앉힐 수 있으며, 익숙해지면 특별히 노력하지 않아도 복식호흡이 된다. 복식호흡 훈련의 목표는 천천히 부드럽고 길게 들이쉬고 더 길게 내쉬는 숨을

🔋 복식호흡 훈련

1. 복장(허리띠, 꼭 끼는 옷, 스타킹 밴드 등)을 느슨하게 한 다음 침대나 소파 또는 바닥에 눕는다.
2. 편안한 자세로 누워 수초 동안 숨을 고른다.
3. 가슴을 고정시키고 배로 숨을 쉰다. 배를 부풀리면서 숨을 들이마시고, 배를 낮추면서 천천히 내쉰다(배 위에 책을 놓고 책이 오르내리는 것에 집중하면서 연습한다).
4. 책을 내려놓고 왼손은 가슴에, 오른손은 배에 얹고 숨을 쉰다. 이때 왼손은 가만히 있고 오른손만 오르내리도록 숨을 쉰다.
5. 숨을 들이마시면서 풍선처럼 배를 부풀렸다가 공기를 천천히 밀어내듯 숨을 내쉰다.
6. 천천히 부드럽게 숨을 쉬면서 들이쉬는 숨보다 내쉬는 숨을 더 길게 쉰다.
7. 코로 숨을 쉬되, 내쉬는 숨이 끝나면 '하' 하고 입으로 소리를 내며 이완한다.
8. 익숙해지면 앉은 자세와 일어선 자세에서 반복한다(손으로 배를 가볍게 누르면서 연습한다).

쉬는 것이다. 제시된 방법에 따라 호흡 훈련을 해보자.

처음 복식호흡을 익히려면 의도적으로 노력을 기울여야 한다. 하루에 두 번, 5~10분 정도 복식호흡 훈련을 빠뜨리지 말고 반복하는 것이 중요하다. 공황발작이 오는 순간 복식호흡을 하면 공포반응을 불러일으키는 과호흡을 차단할 수 있다.

2) 긴장이완훈련

우리는 매일 긴장 속에서 생활한다. 그러므로 이완과 운동은 일반인의 건강을 위한 첫 번째 지침이라고 할 수 있다. 그러나 공황장애가 있는 사람에게는 운동이나 이완이 정반대의 결과를 초래하기도 한다. 대개 공황발작을 경험하면 에어로빅이나 테니스와 같이 격렬한 운동을 피한다. 왜냐하면 운동 후에 느끼는 신체감각이 공황 상태에서 느끼는 신체감각과 비슷해서 공황발작을 초래할 가능성이 있기 때문이다.

그런데 놀라운 사실은 이완 역시 공황발작과 밀접한 관련이 있다는 점이다. 아주 깊이 이완된 상태에서 갑자기 현기증이 나면서 가슴이 뛰고, 손발에 땀이 나면서 공황발작이 오는 경우를 드물지 않게 볼 수 있다. 그리고 깊이 이완된 상태인 수면 중에도 공황발작이 일어날 수 있다. 이 점은 이완이 드물게는 공황을 촉발할 가능성이 있다는 것을 의미한다.

공포 상황과 반대되는 이완 상태에서도 공황발작이 일어나는 까닭은 항상 위험한 상황을 두려워하는 공황장애 환자에게 근육이완이 경계 태세를 풀어버리는 것을 의미하기 때문이다. 그러므로 근육이완훈련에 들어가기에 앞서서 근육이완이 위험한 것이 아니라는 점을 반드시 알아두어야 한다. 아울러 깊이 이완된 상태에서는 몸이 붕 뜨는 듯한 느낌이 들거나 무겁게 가라앉는 듯한 느낌, 힘이 쭉 빠지는 듯한 느낌이 생길 수 있다는 점도 염두에 두어야 한다.

이완훈련을 하면서 생기는 다양한 신체감각에 불안을 느낀다는 것은 그만큼 이완훈련이 필요하다는 증거이기도 하다. 명상이나 바이오피드백, 점진적 근육이완법 등 그 어떤 방법을 사용하더라도 이완은 당신에게 도움을 줄 것이다. 이완훈련 단계에서도 가장 중요한 것은 빠뜨리지 않고 매일 꾸준히 연습하는 것이다. 하루에 두 번씩, 한 번에 20분 정도 이완훈련을 하는 것이 바람직하다.

평생을 긴장 연구에 바친 제이콥슨Jacobson 박사의 『긴장이완 훈련법』은 이제 전 세계적인 건강 지침서가 되어 널리 보급되어 있으며, 국내에도 번역서가 나와 있다(이현수, 1995).

(1) 근육이완의 기본 원리
근육이완훈련은 근육을 강력하게 수축시키는 긴장 과정과 수축된 근육을 풀어주는 이완 과정으로 구성된다. 이완에 앞서서 근육을 수축시키는 까닭은 긴장-이완이 마치 용수철과 같은 원리를 가지고 있어서 근육을 수축시키면 시킬수록 이완하기가 쉬워지기 때문이다. 또 다른 이유는 의도적으로 근육을 긴장시켜서 느껴지는 감각과 이완 상태에서 느껴지는 감각 간의 차이를 보다 분명하게 알 수 있기 때문이다. 이런 차이를 반복해서 경험하면 신체적인 긴장을 쉽게 알아차릴 수 있기 때문에 심한 긴장 상태에 빠지기 전에 미리 이완훈련을 적용할 수 있다.

이완훈련은 중요한 근육별로 진행되며 처음에는 적지 않은 시간이 걸린다. 그러나 반복해서 익숙해지면 점차 여러 근육을 묶어서 한꺼번에 할 수 있기 때문에 훈련 시간이 짧아진다. 통상 이완훈련을 할 때는 20~30분 정도 시간이 걸린다.

이완훈련을 할 때 가장 염두에 두어야 할 점은 긴장-이완을 반복하는 신체 부위에 주의를 집중하는 것이다. 훈련 도중 여러 가지 생각이 떠오를 수 있지만 될 수 있으면 그 부분의 신체감각에 주목하려고 노력하는 것이 중요하다. 처음 이완훈련 장소는 조용한 곳이어야 한다. 물론 실생활에서 이완이 필요한 상황은 복잡한 곳이겠지만, 근육을 이완시키는 기법에 익숙해질 때까지는 조용한 장소에서 집중해서 훈련을 반복할 필요가 있다.

(2) 근육이완 절차

이완훈련은 정해진 절차에 따라 실시한다. 각 단계마다 지시문에 따라 긴장-이완훈련을 반복해본다. 이 지시문을 자신

제이콥슨의 긴장이완훈련

자, 편안한 복장을 갖추고 편안한 자세를 취합니다. 이제부터 눈을 감고 깊이 숨을 쉽니다. 부드럽게 복식호흡을 하십시오(10초). 이제부터 이완훈련에 들어가겠습니다.

1. 오른손부터 훈련을 시작하겠습니다. 오른손에 최대한 힘을 주고 일곱까지 세면서 주먹을 꽉 쥐십시오. 그 상태에서 손의 긴장을 느끼며 머무르십시오(7초). 자, 이제 열까지 세면서 천천히 힘을 뺍니다. 조금 전 긴장시켰을 때와 이완할 때의 느낌을 비교하면서 천천히 주먹을 펴고 근육을 이완시킨 다음 손바닥을 바닥에 내려놓습니다(10초).

2. 이번에는 오른손과 같은 방법으로 왼손을 훈련합니다. 왼손에 최대한 힘을 주고 일곱까지 세면서 주먹을 꽉 쥐십시오. 긴장을 느끼면서 그 상태에서 머무르십시오(7초). 자, 이제 열까지 세면서 힘을 뺍니다. 조금 전 긴장시켰을 때와 이완할 때의 느낌을 비교하면서 천천히 주먹을 펴고 근육을 이완시킨 다음 손바닥을 바닥에 내려놓습니다(10초).

3. 이번에는 오른팔입니다. 팔꿈치를 굽힌 다음 힘껏 힘을 주어 근육을 최대한 긴장시키십시오. 그 상태에서 근육의 긴장을 느끼면서 머무르십시오(7초). 자, 이제 열까지 세면서 천천히 힘을 뺍니다. 따스한 감각과 이완되는 느낌을 느껴보십시오(10초).

4. 같은 방법으로 이번에는 왼팔의 근육을 힘껏 수축시킵니다. 그 상태에서 근육의 긴장을 느끼면서 머무르십시오(7초). 자, 이제 열까지 세면서 천천히 힘을 뺍니다. 이완했을 때의 따스한 감각과 팔의 무게에 주의를 기울이십시오(10초).

5. 이제 오른쪽 발과 다리입니다. 오른쪽 다리를 들고 발끝을 쭉 뻗은 상태에서 일곱까지 세면서 발과 다리에 최대한 힘을 주십시오. 발목과 뒤꿈치, 발바닥의 긴장을 느끼십시오. 그리고 종아리와 정강이로 긴장이 퍼지는 것을 느껴보십시오(7초). 자, 이제 서서히 힘을 빼고 편안하게 근육을 풀어 주면서 열까지 셉니다. 이완시켰을 때의 편안한 느낌과 다리의 무게를 느껴보십시오(10초).

6. 같은 방법으로 이번에는 왼쪽 발과 다리를 힘껏 긴장시킵니다. 발목과 뒤꿈치, 발바닥의 긴장을 느끼십시오. 그리고 종아리와 정강이로 긴장이 퍼지는 것을 느껴보십시오(7초). 자, 이제 서서히 힘을 빼고 편안하게 근육을 풀어주면서 열까지 셉니다. 이완시켰을 때의 편안한 느낌과 다리가 무거워지는 것을 느껴보십시오(10초).

7. 이번에는 양쪽 허벅지 근육입니다. 양쪽 허벅지를 꽉 붙이고 다리를 들어올린 다음 힘껏 힘을 줍니다. 오로지 허벅지에만 집중하면서 그 상태에서 일곱까지 셉니다(7초). 이제 열까지 세면서 천천히 근육을 풀어주십시오. 양다리가 매우 무거워지는 것을 느낍니다. 모든 긴장이 사라지면서 생기는 편안한 느낌에 주의를 기울이십시오(10초).

8. 이제 아랫배의 근육을 긴장시켜봅니다. 아랫배를 힘껏 들여보낸 다음 어떤 느낌이 드는지 음미하면서 그 상태에 머물러 일곱까지 세십시오(7초). 이제 편안하게 힘을 빼면서 열을 세십시오. 따뜻해지는 느낌과 편안함을 느껴보십시오(10초).

9. 이제, 가슴 근육을 긴장시킬 차례입니다. 숨을 깊게 들이마셔 가슴을 팽창시킨 다음 숨을 참으며 천천히 일곱까지 셉

3. 호흡조절 및 긴장이완 훈련 ✳ **153**

니다. 가슴과 등에서 긴장이 느껴집니다(7초). 이제 부드럽게 숨을 내쉬면서 천천히 열까지 세십시오. 긴장했을 때와 이완했을 때의 차이를 느껴보십시오(10초). 숨을 한 번 들이마시고 내쉴 때마다 점점 더 편안하게 이완됩니다.

10. 자, 이번에는 어깨 근육입니다. 양쪽 어깻죽지를 귀밑까지 바짝 끌어올린 다음 힘을 꽉 주어 서로 붙여보십시오. 목 주위와 뒷덜미의 긴장을 느끼면서 그 상태에서 일곱까지 세십시오(7초). 자, 이제 열까지 세면서 편안하게 힘을 빼고 양 어깨와 윗등 그리고 목이 이완되는 것을 느낍니다. 긴장했을 때와 차이를 느껴보십시오(10초).

11. 다음은 목의 근육입니다. 턱을 몸쪽으로 힘껏 당기고 목에 힘을 주십시오. 그 상태에서 일곱까지 셉니다(7초). 이제 편안하게 힘을 빼면서 이완되는 느낌을 느껴보십시오(10초).

12. 이번에는 얼굴입니다. 먼저 입술입니다. 입술에 힘을 주고 입을 꼭 다물어주십시오(7초). 이제 편안하게 이완하십시오(10초). 다음은 눈의 근육입니다. 눈꺼풀에 힘을 주고 두 눈을 꼭 감으십시오(7초). 이제 편안하게 눈 근육을 풀면서 긴장했을 때와 이완했을 때의 차이를 음미해보십시오(10초).

13. 이번에는 미간입니다. 양쪽 눈썹을 가운데로 모으고 힘껏 미간을 찌푸리십시오(7초). 이제 편안함을 느끼면서 천천히 힘을 빼십시오(10초).

14. 다음은 이마입니다. 양쪽 눈썹을 위로 힘껏 추켜올리고 이마에 주름살을 만드십시오(7초). 이제 편안하게 힘을 빼면서 이완을 느껴보십시오(10초).

15. 이제, 더 깊은 이완 상태로 들어갑니다. 자, 편안하게 눈을 감으십시오. 이제부터 아주 천천히 다섯까지 셉니다. 하나

씩 셀 때마다 점점 더 편안하고 고요한 상태로 들어갑니다. 하나(5초), 둘(5초), 셋(5초), 넷(5초), 다섯(5초). 아주 깊고 편안합니다. 지금처럼 편안한 상태에서 호흡에 주의를 기울이십시오. 천천히 복식호흡을 합니다. 당신은 시원한 공기를 들이마시고 따스한 공기를 내쉽니다. 숨을 내쉴 때마다 나는 아주 편안하다고 생각합니다. 호흡은 아주 고르고 느립니다. 이렇게 이완된 상태에서 느껴지는 편안함을 음미하십시오(2분).

16. 복식호흡을 계속하면서 상상의 세계로 들어갑니다. 지금 부드럽게 찰랑대는 물결이 당신의 온몸을 부드럽게 만집니다. 따스한 햇살도 느껴집니다. 당신의 몸 가운데 아직 긴장이 남아있는 곳에서는 물결이 멈춥니다. 햇살도 사라집니다. 긴장을 부드럽게 풀어 날려보내고 물결이 당신의 온몸을 어루만지게 하십시오. 온몸이 부드럽고 편안합니다(1분).

17. 이제 깨어날 시간입니다. 다섯부터 하나까지 거꾸로 세겠습니다. 이제부터 조금씩 정신이 들 것입니다. 둘에 눈을 뜨고 하나를 세면 평상시처럼 정신이 깨어납니다. 다섯(2초), 당신이 지금 어디에 있는지 생각합니다. 넷(2초), 좀 더 정신이 듭니다. 셋(2초), 팔과 다리를 조금씩 움직여 보십시오. 둘(2초), 아주 천천히 눈을 뜹니다. 하나(2초), 아주 천천히 일어나 앉으십시오. 그리고 천천히 움직입니다. 매우 편안하고 기분이 좋습니다.

의 목소리로 녹음해서 녹음테이프에 담아두는 것도 좋은 방법
이다. 처음에는 녹음된 지시문에 따라 훈련을 하겠지만, 익숙
해지면 녹음테이프 없이도 스스로 이완훈련 과정을 밟아나갈
수 있다.

훈련이 끝나면 심장박동이나 혈압이 평상시보다 낮은 상태
가 된다. 그러므로 이완훈련이 끝난 다음에는 갑자기 일어나
지 않는 것이 좋다. 이완훈련 과정에서 가장 중요한 것은 신체
각 부분의 감각에 최대한 집중하는 것이다. 흔히 잡념이나 다
른 생각이 떠오르는데, 그냥 스쳐 지나가도록 내버려둔다. 잡
념이 든다고 자신을 꾸짖을 필요도 없다. 천천히 자신의 몸으
로 주의를 돌리기만 하면 된다.

이 절차를 매일 두 번씩 일주일간 계속한다. 주말에 아무런
불안감 없이 이완훈련을 할 수 있으면 다음 단계로 넘어가도
좋다. 그러나 그렇지 않을 경우에는 편안해질 때까지 한 주간
더 훈련을 지속한다. 이 절차에 익숙해지면 몇 개의 근육을 모
아서 한꺼번에 긴장시켰다가 이완함으로써 훈련시간을 단축
할 수 있다. 그리고 훈련을 하다 보면 불안할 때 몸의 어느 부
위가 가장 긴장하는지 파악할 수 있다. 가장 많이 긴장되는 근
육이 어느 근육인지 파악하면 집중적으로 그 부위의 이완훈련
을 반복한다. ◆

4. 인지 재구성 훈련

호흡조절훈련과 이완훈련에 이어 다음으로 익힐 치료 전략은 잘못된 해석 과정을 바로잡아 주는 인지 재구성 전략이다. 불안이나 공포 감정, 생리적 반응 그리고 파국적인 생각은 상호작용해서 공황발작을 일으킨다. 그러므로 생각을 변화시키는 것이 생리적인 반응이나 공포감을 줄이는 데 영향을 준다.

생각을 바꾸기 위한 인지 전략을 시도하기 위해서는 공황발작이 일어나는 과정을 자세히 알아야 한다. 그래야만 공황발작에 기여하는 자신의 잘못된 해석이나 생각을 찾아낼 수 있고, 이러한 생각에 의문을 가지고 도전하는 방법을 익힐 수 있다. 그러면 이제 예기불안과 부정적인 사고를 다루는 방법을 알아보자.

1) 인지적 오류 수정하기

(1) 잘못된 생각을 검토하기

사람들은 누구나 불쾌한 상황이나 극복하기 어려운 처지를 경험하게 된다. 그러나 똑같은 처지에 있더라도 어떤 사람은 나름대로 자신을 추스리며 그 상황을 타개해가는가 하면, 어떤 사람은 그 상황을 극복하지 못하고 좌절감에 빠져 우울해 하는 것을 볼 수 있다. 가령, 입사시험에 낙방한 두 학생을 예로 들어보자. 한 학생은 낙방한 이유가 무엇인지 나름대로 검토해보고 이를 보완해서 다음 기회에 재도전하기로 마음을 먹었다. 그러나 다른 학생은 자신을 인생의 실패자요, 낙오자라고 생각했다. 전자의 경우에서 실패 경험은 내일을 위한 반성과 새로운 계획을 세울 수 있는 기회가 된 반면, 후자의 경우에는 자포자기하는 경험이 되고 말았다.

똑같은 상황인데 왜 이런 차이가 생기는 것일까? 이것은 실패한 상황을 각각 다르게 받아들였기 때문이다. 즉, 특정한 상황이나 사건을 어떻게 생각하느냐에 따라 느끼는 감정도 다르고 이어지는 행동도 달라지는 것이다. 여기서 볼 수 있는 것처럼, 감정이나 행동은 특정한 사건에 의해 생기는 것이라기보다는 그 상황에 대한 생각에 의해 결정된다. 그러므로 생각하는 방식을 바꾸기 전에 먼저 자기가 바깥에서 일어나는 일을 어떤 식으로 해석하고 받아들이는가를 알아야 한다.

(2) 자동적 사고 찾기

자동적 사고는 벌어진 사건과 그 사건으로 말미암아 생긴 감정 사이에 스치는 생각이다. 이런 생각은 우리가 깊이 생각한 것도 아니고, 합리적인 것도 아니며, 우리가 알아차릴 만큼 오랫동안 지속되지도 않는다. 따라서 쉽게 알아차리기 어렵다.

공황장애를 지닌 사람이 가지고 있는 자동적 사고 내용의 핵심은 신체감각을 파국적으로 해석하는 것이다. 하지만 공황발작을 초래하는 원인은 바로 이런 자동적인 사고이므로 이를 파악하는 것이 치료 과정에서 아주 중요하다. 자동적 사고를 인식하면 그런 생각이 타당한 생각인지 여부를 평가할 수 있고, 그 생각이 잘못되었다는 것을 알게 되면 공포감이 사라지는 것을 경험할 수 있다.

이제부터 당신이 해야 할 일은 신체감각을 느낄 때 자신이 그것을 어떻게 해석했는지 알아보는 것이다. 막연하게 죽는 줄만 알았다고 하지 말고 좀 더 자세히 떠오르는 생각을 관찰해서 기록하는 훈련을 해보자. 이런 훈련을 반복하게 되면 빠른 순간에 스쳐 지나가는 반사적인 생각을 붙잡을 수 있다.

(3) 파국적인 생각의 증거 찾기

어떤 상황이나 사건을 사실과 다르게 자신이 감당할 수 없는 커다란 재앙으로 받아들이는 것을 파국적인 생각이라고 한다. 인지치료 과정에서 고쳐야 할 대표적인 인지적 오류가 바로 파국적인 생각이다. 공황장애가 있는 사람은 특정한 신체 감각을 느낄 때 그로 인해 생길 수 있는 최악의 상황을 떠올리면서 실제로 그렇게 될 것이라고 잘못 생각한다. 가슴이 뛰는 것이 곧 심장마비의 증거가 되는 것도 아니고, 어지럼증이 곧 의식불명이나 뇌사를 초래하는 것이 아닌데도 실제로 그렇게 된다는 생각과 믿음을 갖는 것이다.

인지적 오류를 다루기 위한 전략은 그런 생각의 타당성을 입증하는 것으로서, 그렇게 생각할 만한 확실한 증거가 있는지를 평가하는 것이다. 실제로 가슴이 두근거린 다음 심장마비가 왔는지, 숨이 가빠진 다음 질식 상태에 빠진 경험이 있는지를 스스로 평가한다. 만일 그런 일이 한 번도 없었는데도 그런 생각을 가지고 있다면 그것은 잘못된 생각이다. 신체 증상을 느꼈을 때 어떤 생각이 들었는지, 그다음에 실제로 어떤 일이 벌어졌는지를 자세히 기록해보면 자신이 생각했던 것과 달리 실제로 그런 일은 일어나지 않았고, 자신이 가지고 있던 생각이 잘못되었다는 것을 확인할 수 있다.

(4) 위험 가능성에 대한 과대평가

공황이나 공포를 느끼는 순간에는 누구든지 실제보다 그 상황을 더 위험하다고 생각하기 쉽다. 특히 공황이 왔을 때 드는 생각은 최악의 상황을 예견하는 내용이다. 실제로 그런 일이 일어났는가? 물론 아니다. 그런데도 왜 이런 생각을 바꿀 수 없는 것일까? 여기에는 몇 가지 이유가 있다.

첫째, 자신의 생각을 좌우하는 보다 근본적인 신념이 있기 때문이다. 이것을 가리켜 인지도식이라고 한다. 인지도식은 우리의 생각이나 태도, 행동에 끈덕지게 영향을 미치는 굳은 틀이다. 말하자면 인지 과정에 명령을 내리는 상급자인 셈이다. 사람들은 바깥에서 일어나는 일들을 자신의 신념에 비추어본다. 실제로 똑같은 상황이라도 어떤 신념을 가지고 있느냐에 따라 그 상황을 달리 해석한다. 공황장애를 비롯해서 불안장애를 가지고 있는 사람들은 전형적인 위험도식, 즉 세상일을 위험하게 채색시켜보는 왜곡된 견해를 가지고 있다.

둘째, 사람들은 자신의 생각과 반대되는 증거를 무시하는 경향이 있기 때문이다. 가령, 공황발작을 겪은 후 실제로 심장마비가 오거나 죽지 않았다는 것을 알고 나서도, 자기 생각이 틀렸다고 믿기보다는 다행히 운이 좋았다든지 병원으로 실려가지 않았더라면 진짜 무슨 일이 일어났을지 모른다고 생각하는 것이다. 이렇게 자기 생각이 옳다고 계속 믿으려는 경향을

'인지 일관성'이라고 한다. 누구에게나 이런 경향성이 있기 때문에 사람은 현실적으로 자신의 생각이 틀렸다는 증거를 외면하고 잘못된 해석을 계속 유지한다.

셋째, 과거에 일어났던 일이 앞으로도 일어날 것이라는 믿음이 있기 때문이다. 공황발작이 왔을 때는 어떻게 해서든지 그 상황에서 탈출하려는 강한 충동을 갖는다. 가슴이 답답해진다는 느낌이 들면 하던 일을 멈추고 얼른 바람을 쐬러 바깥으로 나가고, 현기증이 느껴질 때면 얼른 병원으로 달려간다. 이러한 행동은 공황 상태에서 벗어나려는 노력의 일환이다. 그러나 이런 행동을 자제력을 잃어버린 어리석은 행동이었다고 생각한다면 앞으로 또 그렇게 자제력을 잃어버리면 어떻게 하나 하는 공포가 생긴다. 한번 그런 식으로 자신의 행동을 규정해버리면 앞으로도 그런 행동을 하게 될까 봐 두려움을 갖게 되고, 이런 두려움은 공황을 지속시키는 요인으로 작용한다.

넷째, 생각도 행동처럼 습관화되기 때문이다. 공황 증상으로 나타나는 부정적인 생각이 비논리적이라는 것을 알면서도 이런 생각이 반복되면 습관처럼 자동화된다. 그래서 평상시에는 공황이 와도 심장마비나 중풍 혹은 죽음에 이르지 않는다는 것을 알지만 막상 공황이 오면 습관적으로 부정적인 생각을 하게 된다.

〈위험 가능성에 대한 평가 기록지〉			
위험 사고 내용	예상 가능성	그렇게 예상한 근거	실제 일어났던 비율
1. 운전 도중 현기증이 나서 충돌사고를 일으킬 것이다.	%	1. 운전하면서 현기증을 느낀 경험(번) 2. 현기증을 느껴 사고를 낸 경험(번)	%
2. 가슴에 오는 통증은 심장마비의 신호다.	%	1. 최근 신체검사 결과 2. 과거에 가슴통증을 경험한 횟수(회) 3. 가슴통증 후에 심장마비가 온 횟수(회)	%
3.			
4.			

이제, 공황이 왔을 때 스스로 어떤 상황이 벌어질 것이라고 예측하는지 그 내용을 검토해보자. 이런 연습을 통해 자신이 상황을 얼마나 부정적으로 과대평가하는지 파악할 수 있다.

(5) 파국적인 생각의 대안 찾기

많은 사람이 공황발작이 온다고 해서 실제로 자기가 죽거나 미쳐버리는 것이 아님을 알면서도, 공황발작이 오면 어쩔 수 없이 그런 끔찍한 생각에 빠진다고 말한다. 그러나 어쩔 수 없는 것이 아니다. 실제로 공황발작을 경험하고 나서 그런 생각이 옳은지 그른지 엄격하게 검토하고 따져보는 사람은 많지 않다. 그저 두렵다고 생각할 뿐이다. 그것은 여태까지 이런 생각이 공황발작을 불러일으킨다는 사실에 대해 잘 몰랐고, 또한 이런 생각을 수정함으로써 공황발작을 차단할 수 있다는 것도 몰랐기 때문이다.

이 단계에서는 끔찍한 상황에 빠질 것이라는 생각에서 벗어날 수 있는 대안을 찾아보자. 이때는 상황을 있는 그대로 보는 것이 중요하다. 자신이 불안을 느끼는 상황에서 파국적인 생각을 한다면 '나는 지금 몹시 불안하다. 이러다가 이성을 잃고 찻길 한복판으로 뛰어들지도 몰라. 그러면 차들이 엉키고 사람들이 몰려들겠지' 하는 생각과 더불어, 곧 의식을 잃고 기절해서 구급차가 오고 병원으로 실려 가는 장면이 떠오를 수 있다. 혹은 이와 반대로 '아, 나는 지금 전혀 불안하지 않다. 나는 지금 차분하게 안정되어 있다'라고 생각할 수도 있다. 어떻게 보면 긍정적인 생각이라고 할 수도 있으나 전자와 마찬가지로 이것 역시 도움이 안 된다. 왜냐하면 사실과 다르기 때문이다.

불안한 상황에서 파국적인 생각의 대안으로 제시할 수 있는 것은 자신이 처한 상황을 인식하고, 어렵지만 그런 상황에 맞설 수 있다는 생각이다. 예컨대, '지금 나는 불안하다. 힘들지만 이 상황을 침착하게 보고 쓸데없는 두려움을 갖지 말자. 우선은 조용한 곳을 찾아 쉬면서 마음을 가라앉히자'라고 생각한다면 훨씬 도움이 된다. 훈련 과정에서는 이런 생각을 써 보는 것이 좋다. 공황이 왔을 때 떠올랐던 파국적인 생각을 적고, 그 옆에 그런 생각이 타당한 생각이었는지에 대한 평가를 적은 다음, 다른 생각을 한다면 어떻게 생각할 수 있을지 적어 보자. 이런 기록을 반복하는 것은 생각하는 과정을 훈련시키기 위한 것이다.

〈인지재구성 훈련 기록지〉			
공황 증상	자동적 사고	인지적 오류	타당한 대안적 생각
1. 가슴이 두근거린다.	1. 심장마비가 오는구나. 2. 죽는구나. 3. 의식을 잃는구나. 4. 공황이다.	1. 치명적 상태로 파국화 2. 공황이라고 미리 단정 3. 위험 가능성 과대평가	1. 불안해서 긴장했구나. 2. 무슨 일로 흥분했나. 3. 심호흡하면서 마음을 가라앉히자.
2. 팔다리가 저린다.	1. 중풍이 오나? 2. 죽음 3. 반신불수, 마비 4. 공황이다.	1. 치명적 상태로 파국화 2. 공황이라고 미리 단정 3. 위험 가능성 과대평가	1. 자세가 나쁘지 않았나. 2. 혈액순환이 잘 안 되나 보다. 3. 맨손체조나 이완훈련을 해보자. 4. 지레 겁먹지 말자.
3. 현기증이 난다.	1. 기절하는구나. 2. 뇌손상, 뇌사, 뇌졸중 3. 의식불명 4. 공황이 오는구나. 5. 저혈압 6. 죽는구나.	현기증을 느낄 수도 있다. 그런데 이것을 너무 치명적인 상태와 연결시키고 있다. 그리고 공황이라고 지레 겁을 먹고 위험 가능성을 과대평가하고 있다.	전에도 여러 번 어지럼증을 느꼈지. 그런데 실제로 기절했던 적은 없었어. 어지럼증은 호흡이나 불안 때문에 생기는 감각일 뿐이야. 잠시 쉬어야겠어.

2) 예기불안 다루기

공황을 촉발하고 유지시키는 요인 중 하나는 또다시 공황이 올 것이라는 불안감이다. 공포에 빠지게 될 것을 예상하고 이에 대해 불안을 느끼는 것이다. 이제부터 예기불안을 다루는 법을 익히기로 한다. 이 방법은 공황발작이 사전에 도저히 예측할 수 없는 것이라고 생각하는 사람들에게 도움이 된다. 한 주 동안 예상할 수 있는 불안한 상황을 가정하고, 생활하면서 실제로 그런 일이 얼마나 일어났는지를 검토한다.

공황발작은 신체감각뿐만 아니라 상황요인에 의해서도 촉발될 수 있다. 그러므로 이 연습 과정은 공황을 촉발하는 사건이나 상황을 확인할 수 있다는 장점이 있고, 공황을 촉발하는 요인을 알면 언젠가 또 공황이 올지도 모른다는 막연한 불안감을 완화시킬 수 있다. 일주일 단위로 기록표를 작성해서 예기불안을 다루는 인지훈련을 연습한다. ◆

〈예기불안 자가점검표〉			
1주일 동안 닥칠 불안한 상황	떠오르는 생각	예상 가능성(%) 예상 불안점수 (0~10점)	실제 일어난 일 실제 불안점수 (0~10점)
1. 명절에 처가 다녀오기	1. 길에서 공황이 와서 구급차에 실려 갈 것이다. 2. 현기증이 나는 바람에 앞차와 충돌할 것이다.	가능성: 75% 정도 예상 불안점수: 9점	운전 도중 자주 휴식을 취해 괜찮았음. 그러나 계속 불안했음. (불안점수 5점)
2. 고교 동창 모임	1. 식사는 하겠지만 2차 술자리에서 불안해져 도중에 뛰쳐나올 것이다. 2. 친구들이 뒤에서 수근거릴 것이다.	가능성: 60% 정도 예상 불안점수: 6점	스트레스로 불안해져서 불면증에 시달린다는 친구 얘기를 듣고 마음이 편해졌고, 2차는 술집이 아니라 찻집에서 조용히 얘기하면서 잘 보냄. (불안점수 1점)
3.			
4.			

5. 노출 훈련

앞의 세 단계 훈련은 신체감각의 변화 폭을 줄이는 방법과 자기 스스로 자신에게 이르는 말 또는 생각을 수정하는 방법을 배우기 위한 것이었다. 이번에는 직접 신체감각을 경험하면서 여기에 맞서 보는 훈련이다. 이것을 가리켜 행동치료 기법의 하나인 노출exposure 혹은 공포자극에 직면하기confrontation 라고 한다.

노출치료는 의도적으로 공포 상황에 직면해 충분히 그 상황을 경험하면서, 그렇게 하더라도 치명적으로 위험한 일이 생기지 않는다는 것을 배우는 체험을 통한 학습 과정이다. 처음 운전을 시작할 때를 생각해보라. 처음에 운전대를 잡으면 낯설고 길거리에 나서는 것이 두렵기 짝이 없다. 그러나 점차 익숙해지면서 운전에 대한 공포가 사라진다. 이와 마찬가지로 반복적인 노출 훈련은 공포의 대상이 되는 신체감각을 경

험하더라도 스스로 안전하다는 것을 거듭 확인함으로써, 그
리고 그 자극에 익숙해짐으로써 신체감각에 대한 공포를 줄여
준다.

이 단계에서 무엇보다도 중요한 것은 도전하는 마음가짐이
다. 신체감각에 도전하는 과정에서는 단계적으로 훈련을 실
시하는 것이 중요하다. 처음부터 완벽하게 강렬한 신체감각
을 견디겠다는 마음가짐을 버리고, 자신이 견딜 수 있을 만큼
신체감각을 체험하면서 단계적으로 강도를 높여간다. 연습
도중 언제라도 스스로 원한다면 이러한 신체감각을 멈출 수
있다는 점도 염두에 두라. 그러나 연습을 중단하는 것에 너무
의존해서는 안 된다.

1) 신체감각 유발하고 평가하기

신체감각에 직면하기 위해서는 우선 자신이 두려워하는 신
체감각이 어떤 종류의 신체감각인지 알아야 한다. 공황이 왔
을 때 경험하는 신체감각과 유사한 감각은 운동이나 특별한
자세를 통해 만들어낼 수 있다. 공황과 관련된 신체감각을 유
발해도 결코 그것이 위험한 것은 아니다. 그러나 익숙해지기
전까지는 안전한 여건에서 실시하는 것이 불안을 덜어줄 수
있으므로 처음에는 편안한 상태에서 시도하는 것이 좋다. 그

리고 가능하면 치료자나 가까운 가족처럼 마음을 편안하게 해
줄 수 있는 사람들이 있는 곳에서 시작하도록 한다.

신체감각을 유발하기 위한 여러 가지 방법을 하나씩 실시
하면서 그때 생기는 신체감각을 자세히 느껴보라. 그리고 각
신체감각에 대해 얼마나 강렬한지강도, 얼마나 두려운지주관적
공포, 공황이 왔을 때 경험하는 신체감각과 얼마나 비슷한지유
사성를 평정한다. 강도와 주관적인 고통 그리고 공황 증상과의
유사성은 0점부터 10점까지 구분해서 표시한다. 이와 같은 방
식으로 매일의 훈련 상황을 기록으로 남기면 훈련에 따른 변
화를 확인할 수 있다.

다음 표를 바탕으로 훈련 대상이 되는 신체감각을 결정하
기 이전에 먼저 할 일이 있다. 그것은 불안이 유발되지 않은
신체감각에 대한 재검토다. 왜냐하면 불안을 느낄 정도로 신
체감각이 유발되지 않은 상태에서 운동을 중단한 것이라면,
오히려 그와 관련된 신체감각이 가장 두려운 공포자극일 수
있기 때문이다. 그리고 어떤 운동도 불안을 유발할 만큼 충
분한 신체감각을 불러일으키지 않았다면 운동시간을 조금
씩 늘려가면서 자신이 두려워하는 신체감각이 무엇인지 찾
아본다.

신체감각에 대한 평가				
운 동	유발된 신체감각	감각의 강도 (0~10점)	불안한 정도 (0~10점)	공황과의 유사성 (0~10점)
1. 30초 동안 최대한 빨리 머리를 좌우로 흔든다.	어지럼증	5	3	2
2. 머리를 양다리 사이에 끼고 있다가 재빨리 고개를 든다.	아찔한 느낌	4	1	1
3. 계단 오르기나 스텝 머신을 사용해 숨이 차고 가슴이 뛸 때까지 운동한다.	호흡곤란과 가슴 두근거림	7	5	6
4. 30초 이상 숨을 참는다.	가슴의 압박감 및 질식감	8	7	2
5. 1분 동안 전신을 긴장시키거나 온몸이 떨릴 때까지 팔굽혀펴기를 한다.	사지가 저리거나 감각이 둔화된 느낌, 마비감			
6. 1분 동안 회전의자에 앉아 회전하거나 제자리에서 맴돈다.	어지럼증, 매스꺼움			

7. 1분 동안 힘껏 깊고 빠르게 과호흡을 한다.	숨이 가빠지고 온몸이 달아오르거나 차가워지는 느낌, 비현실감, 두통			
8. 1분 동안 가느다란 빨대를 통해서 숨을 쉰다.	질식감			
9. 2분 이상 벽에 있는 작은 점을 뚫어지게 응시하다가 갑자기 다른 물체를 본다.	비현실감			

2) 단계적 노출

신체감각에 대한 노출 훈련은 고전적 조건형성 원리에 바탕을 둔 치료법인 체계적 둔감화systematic desensitization 기법이다. 고전적 조건형성 원리는 공황장애에 관한 심리학적 원인론에서 설명한 바 있다. 체계적 둔감화 원리를 활용한 것이 단계적 노출 훈련이다. 단계적 노출 훈련 과정에서 명심해야 할 사항은, 이전에 배운 호흡조절이나 근육이완 혹은 파국적

🔑 체계적 둔감화를 위한 단계적 노출법

1. 신체감각에 대한 평가로 확인된 신체감각들 가운데 불안지수가 3점 이상인 항목들 중 점수가 낮은 항목부터 훈련에 들어간다. 이때 중요한 것은 유발된 신체감각으로부터 도망가고 싶은 마음을 극복하는 일이다. 신체감각이 느껴지자마자 곧 운동을 멈춘다면 신체감각에 대한 두려움만 다시 한 번 확인한 결과가 된다.

2. 가능한 한 강렬한 신체감각을 체험하도록 한다. 신체감각이 약하게 느껴질 때 운동을 멈춘다면 신체감각을 회피하는 것이다. 피하지 말고 신체감각이 충분히 느껴질 때까지 점진적으로 운동 강도를 높여나간다. 이 훈련의 궁극적인 목표는 공황 당시에 느껴지는 신체감각을 견디는 데 있다.

3. 정해진 시간 동안 운동을 하고, 유발된 신체감각을 충분히 느낀 다음에는 각 신체감각의 강도, 불안지수 그리고 공황 증상과의 유사성 정도를 평가한다.

4. 평가 후에는 신체감각을 유발한 다음 그동안 배웠던 호흡 조절, 이완 및 인지수정 전략을 사용하여 유발된 신체감각에 도전한다.

5. 한 가지 운동을 하루 다섯 번 정도 반복한다. 반복 과정에서 불안지수가 2점 이하로 내려가면 다른 운동으로 넘어간다. 그러나 다섯 번을 반복해도 불안지수가 2점 이하로 내려가지 않는 경우가 있는데, 이런 경우에는 무리하지 말고 다음날 다시 시작하도록 한다.

인 생각에 대한 인지 수정과 같은 전략을 사용하는 것을 일시적으로 중단한다는 점이다. 노출 훈련은 신체감각을 완화시키기 위한 연습이 아니라 충분한 강도의 신체감각에 맞서 견뎌내는 훈련이기 때문이다.

(1) 일상생활에 적용하기

이제 일상생활로 눈을 돌려 보자. 공황에 대한 두려움으로 인해 하지 못했던 활동이 무엇인지 알아보는 것이 첫 번째 순서다. 두려워서 회피했던 활동의 목록을 작성해보고, 각 활동이 얼마나 불안을 불러일으키는지 0점('전혀 불안하지 않다')부터 10점('극심한 불안을 느낀다')까지 불안점수를 매겨서 불안점수가 높은 활동부터 차례로 정리해본다. 앞으로의 훈련은 바로 이와 같은 일상적인 활동에 익숙해지는 연습이다. 이런 활동에 불안과 공포를 느끼지 않을 때까지 반복해서 연습하는 것이 중요하다. 운동을 통해 신체감각에 불안해하지 않고 대응할 수 있었듯이, 이 연습은 공황발작으로 인해 제약을 받고 있었던 일상생활의 활동 범위를 넓혀줄 것이다.

훈련 과정에서는 가까운 사람의 도움을 받는 것도 좋다. 가령, 친한 친구와 함께 운동을 하러 가거나 운동 경기를 보러 가는 것이다. 이때 만일 도움이 필요한 상황이 되면 어떻게 해주는 것이 가장 좋은지 상대에게 이야기해서 상황이 더 나빠지지 않도록 미리 조치를 취해둔다. 다른 훈련 과정과 마찬가지로 여기서도 불안 정도가 낮은 항목부터 시작해서 차츰 익숙해지면 다음으로 불안 정도가 높은 활동을 연습한다.

연습 과정에서 중요한 것은 공황 상태와 비슷한 신체감각을 느끼고 이를 견뎌내는 것이다. 예를 들어, 추운 겨울에 김이 서려 있는 욕실에 들어간다고 할 때, 얼마 지나지 않아 답답하고 질식할 것 같은 느낌이 생길 수 있다. 그런 느낌이 들자마자 욕실을 나온다면 평상시의 잘못된 생각대로 행동하는 것이다. 이렇게 되면 더운 김이 나는 곳에서 샤워를 하더라도

◆ 회피 활동과 불안점수

회피했던 일상 활동	불안점수
1. 계단 오르내리기	( )
2. 카페인이 든 음료 마시기	( )
3. 에어로빅이나 등산 하기	( )
4. 흥분하거나 싸우기	( )
5. 더운 김이 나는 곳에서 목욕하기	( )
6. 아주 추운 날씨에 외출하기	( )
7. 후덥지근한 시장 돌아다니기	( )
8. 성관계하기	( )
9. 스포츠 경기 관람하기	( )
10. 공포영화 보러 가기	( )
11. 배불리 먹기	( )
12. 갑자기 일어나기	( )

질식해서 죽지는 않는다는 사실을 경험할 기회가 없다.

　이를 예방하기 위해서는 치밀하게 사전 계획을 세우는 것이 중요하다. 최우선으로 염두에 두어야 할 것은 무리하지 않아야 한다는 것이다. 불안점수가 낮은 활동부터 훈련을 시작하는 것처럼, 처음에는 스스로 견딜 수 있을 정도로 시간이나 활동 강도를 정하되, 단 공황 증상이 나타날 때 경험하는 신체 감각을 느낄 수 있을 정도는 되어야 한다. 이렇게 해서 차차 활동 시간과 강도를 높여간다. ◆

6. 연습한 것이 원상복귀되었을 때

1) 원상복귀는 자연스러운 현상

처음 3~4주간 연습이 잘 진행되다가 갑자기 그동안의 훈련이 몽땅 허사가 된 듯 끔찍한 공황을 겪는 수가 있다. 그러면 모든 것이 원점으로 돌아가 다시 옛날처럼 예기불안, 공황발작, 회피행동이 나타난다. 모순처럼 들리겠지만 이것이야말로 이제 다음 단계로 진전할 때라는 표시다. 거의 모든 사람이 치료 과정에서 한 단계 올라갈 때 원상복귀되는 과정을 겪기 때문이다.

잠시 공포 상황에 대한 예기불안이나 공황발작에 대한 두려움을 잊었다가 공황을 다시 겪는 일은 회복 과정에서 불가피한 일이다. 이것을 빨리 이해하고 빨리 받아들이는 것이 공황을 극복하는 지름길이다. 그동안의 연습 결과로 자신감이 생기고 기분도 나아져 다시는 공황을 겪지 않을 것 같다는 마술적인 생각을 갖고 있었는데 뒤통수를 한 대 맞은 느낌이 들었을 것이다. 그래서 지금까지 겪은 그 어떤 공황발작보다도 더욱 끔찍한 공황으로 느껴질 것이다.

그러나 그 어느 것도 사실이 아니다. 훈련 효과가 모두 사라진 것처럼 보이는 원상복귀는 마치 우리가 뜀틀을 할 때 전속력으로 달려와 높이 뛰어오르기 위해 구름판 위에서 잠깐 달리기를 멈춘 상태와 같다. 그러므로 각 단계의 원상복귀는 회복 과정에서의 한 단계 진전을 나타내는 것이다. 모든 원상복귀 과정은 성장을 위한 기회다. 수주 전의 자신을 기억해보라. 그때 자신이 할 수 없을 것이라고 생각했던 일을 나중에는 해냈다. 그 뒤에 어떤 느낌이 들었는가? 자신이 더 강해졌다는 느낌이 들지 않았는가? 뿌듯하지 않았는가? 원상복귀라는 상황도 극복하기 힘들 것 같지만 극복할 수 있는 경험이며, 일단 극복하면 그동안의 훈련과 마찬가지의 효과를 가져온다.

또한 원상복귀되는 경험은 당신이 다음에는 좀 더 수월하게 공포와 맞설 수 있도록 해준다. 원점으로 돌아간 듯하지만 당신은 이미 훈련했던 단계까지 다시 되돌아오는 과정이 그리 오래 걸리지 않는다는 것을 곧 알게 될 것이다. 그리고 당신은 원상복귀라는 어려운 상황을 맞아 거기에 대처할 수 있다는 새로운 자신감을 얻는다.

원상복귀는 자신이 스스로 예전에 배웠던 것을 다시 한 번 복습할 기회를 마련해준다. 당신이 견뎌내야 할 모든 불안한 상황은 불안장애를 극복할 수 있는 연습 기회가 된다. 그러므로 원상복귀를 경험하고 이를 극복할 때마다 당신은 그만큼 성공하는 것이다. 대개 원상복귀는 자신이 가장 원치 않는 시점에서, 그리고 가장 예상치 못한 시점에서 발생한다. 그것은 공황발작이라는 것이 예측하기 어려운 염치없는 녀석이기 때문이다.

때로는 당신이 긍정적 사고를 하는 순간에도 예기불안이 스며들 수 있다. 그 까닭은 살아가면서 자신이 전혀 알아차리지 못한 스트레스가 공황을 촉발시킬 수 있기 때문이다. 그러나 모든 사람이 다 똑같지는 않다. 어떤 사람은 일상생활의 스트레스나 걱정거리에 몰두해 오히려 불합리한 공포를 잊어버리기도 한다. 그러나 어찌되었든 원상복귀가 일어나면 '도대체 왜 지금 이 시점에서 그렇게 되었나?'를 생각할 필요가 있다.

2) 이차 이득과 변화에 대한 저항

이제 변화에 대한 저항을 생각해볼 차례가 되었다. 변화란 공황의 극복이라고 볼 수 있는데, 거기에 저항하는 사람이 과연 있을까? 상식적으로는 그럴 리가 없다. 하지만 공황이나 회피행동을 유지시키는 중요한 요인 중 하나는 공황이나 회피행동으로 인해 스스로 이득을 보는 측면이 있기 때문이다. 이 말을 들으면 당신은 화가 날 것이다. 공황처럼 고통스러운 경험을 통해 도대체 무슨 득을 보겠는가? 그러나 분명히 득이 있다. 그것을 가리켜 이차적 이득secondary gain이라고 부른다.

공황이나 회피행동으로 인해 당신은 많은 일을 하지 않아도 된다. 당신 대신 가족 중 누군가가 슈퍼마켓에 가서 장을 봐 오고, 운전을 못하는 당신 대신 남편(혹은 아내)이 아이들을 태워다주며, 발표해야 하는 상황이라면 다른 동료가 대신해줄 것이다. 그러나 당신은 그렇게 생각하지 않을 것이다. 왜냐하면 스스로 그 일을 할 수 있다면 더 행복할 것이기 때문이다. 그러나 다른 사람이 그렇게 배려해줌으로써 당신이 귀찮은 일을 면제받는 것도 사실이다. 그런 이득을 외면하기에는 미련이 남을 수 있다. 많은 사람이 불안장애가 나아지면서 다시 예전의 활동을 시작하지만 불가피하게 다시 불안에 빠지는 것을 볼 수 있는데, 거기에 일조하는 것이 바로 이와 같은 이차적 이득이다.

이차적인 이득을 포기하는 대신 당신이 얻는 것은 자부심과 자유로움이다. 모든 변화는 힘들다. 누구나 변화를 겪는 시기에는 저항을 느끼는 동시에 걱정과 불편을 겪는다. 이런 감정을 잘 수용할수록 회복이 빨라진다는 점을 명심하자. ◆

이차적인 이득 다루기

1. 불안장애로 인해 당신이 면제받는 일들이 무엇인지 목록을 만든다.
   - 어떤 의무로부터 해방되는가?
   - 당신이 해야 될 일인데 공황 때문에 다른 사람들이 대신 해주는 일들에는 무엇이 있는가?
   - 공황으로 인해 부득이하게 미루고 있는 일들은 무엇인가?
2. 목록을 완성한 다음 당신으로부터 가장 영향을 받는 사람에게 같은 목록을 만들게 한다. 당신이 공황장애가 있기 때문에 할 수 없이 대신하는 일들을 모조리 적어본다.
3. 두 사람의 목록을 비교하면 많은 차이가 있다. 당신은 당황하고 화가 날 것이다. 그러나 그것은 당연한 일이며 충분히 예상하고 있어야 한다. 변명하거나 반박하지 말고 있는 그대로 들어본다.
4. 두 사람의 정보를 충분히 검토한 다음 당신이 포기할 이차적 이득이 무엇인지 생각한다. 무엇을 바꾸고 싶은가? 쉬운 것부터 시작하자.

7. 가족, 친구 그리고 동료 관계

이제 당신이 가지고 있는 불안장애가 당신 자신뿐만 아니라 가족이나 친구, 직장 동료 등 당신 주변에 있는 사람들에게도 영향을 준다는 것을 깨달을 차례가 되었다. 예를 들어보자. 당신이 두려움에 떨고 있을 때 가족이나 가까운 친구가 "아무 것도 아니야. 그냥 해 봐"라고 말했는데 "난 못 하겠어"라고 한다면, 당신을 도와주려고 했던 사람들은 당황한다. 그리고 낙담하고 화를 낼 수도 있다.

또한 직장 상사가 계단을 올라가면서 이야기를 나누고자 할 때 당신이 머뭇거린다면, 혹은 긴급히 출장을 가야 하는데 당신이 비행기를 타지 못해 기차를 타고 가면서 소중한 시간을 낭비한다면 상사는 그것을 참지 못할 것이다. 그러면 당신은 아무도 자신을 이해하지 못한다는 생각이 들면서 외로워진다. 한편, 당신의 가족이나 친구는 그들 나름대로 도와주고 싶었지만 아무 도움이 되지 못했다는 생각에 무기력해질 수 있다.

당신은 불안 때문에 가정이나 직장에서 인간관계가 어렵다는 점을 잘 알고 있다. 아마 당신은 이런 문제를 숨기고 싶은 마음도 있고 한편으로는 다른 사람들이 자신을 이해하지 못한다고 서운해할 것이다. 당신은 도움을 청하는 것을 부끄럽게 여길 수도 있다. 그러나 당신이 어떤 어려움에 처해 있는지 모르는데 상대방이 알아서 도와줄 수는 없다. 오히려 그들은 이해하기 어려운 당신의 행동으로 인해 거절당했다고 느끼거나 실망할 것이다. 그리고 당신 또한 도움을 청했다가 거절당했다면 화가 날 것이다.

주변에 있는 사람들이 당신을 잘 이해하고 돕도록 하기 위해서는 당신이 어떻게 힘든지, 그리고 그때 어떻게 도울 수 있는지 가르쳐주어야 한다. 그러므로 당신이 겪고 있는 어려움을 누구에겐가 털어놓고 이해시키는 것이 중요하다. 편지를 쓰는 것도 좋은 방법이다. 그다음에는 그 사람이 당신의 상태를 이해할 때까지 충분히 설명하면서 참을성 있게 기다려야 한다. 왜냐하면 공황이란 겪어보지 않은 사람은 이해하기 어려운 극도의 공포 경험이기 때문이다. 친구가 "공황이 어떤 것인지 이해하기는 어렵지만 네가 정말 힘들 것 같다"라고 말한다면 진실하고 믿을 만한 관계가 시작되는 것이다.

1) 돕는 이와 함께 작업하기

아직까지 당신이 속마음을 털어놓고 이야기를 나눌 사람을 찾지 못했다면 첫 단계로 해야 할 일은 자신이 편안하게 이야기할 수 있는 사람을 찾는 것이다. 이 시점에서는 상대가 불안장애를 이해하고 있는 사람인지 여부는 문제가 되지 않는다. 보다 중요한 것은 믿을 만한 사람이냐 하는 것과 그가 당신의 이야기를 들어줄 의사가 있느냐 하는 것이다.

처음으로 자신의 공황 증상을 털어놓았을 때 대부분의 사람은 놀랄 것이다. 간혹 당신의 비밀을 듣고 호기심을 보이거나 무관심한 사람을 만날 수 있다. 그러나 많은 경우 당신이 마음을 열고 진심으로 어려움을 전하면 상대방도 자신의 불안했던 경험을 드러내면서 친밀한 관계를 맺을 수 있다. 설령 처음 이야기했던 사람에게 우호적인 반응을 얻지 못했다고 할지라도 두 번째 만나는 사람에게는 더 쉽게 이야기를 꺼낼 수 있다.

자신의 문제를 다른 사람에게 이야기할 때 명심할 것은, 자신이 불안장애를 선택한 것도 아니고 불안장애를 지니고 있다는 사실이 약하다는 증거도 아니며, 그것이 마음대로 쫓아버릴 수 있는 것도 아니라는 점이다. 당신은 고혈압이나 편두통이 있는 사람처럼 공황장애를 가지고 있을 뿐이다.

공황장애는 상상 속의 장애가 아니다. 두통처럼 현실적인 고통이다. 이 점을 염두에 두고 기꺼이 자신을 도와줄 사람을 찾아보라. 그들은 당신의 지원군이 될 것이다. 그 사람들이 당신이 겪는 고통을 모조리 이해할 필요는 없다. 그보다는 당신

 나를 돕는 사람과 함께 일하기

1. 구체적인 목표를 세운다.
2. 한 번에 한 단계씩 목표에 접근한다.
3. 불안한 상황에 들어가기 전에 거기서 벗어나는 방법을 친구와 함께 분명하게 정한다.
4. 도움이 되었다면 반드시 그에 대한 감사와 함께 도움이 되었다는 것을 알려준다.
5. 아무리 사소하더라도 당신의 불안이 조금씩 나아지고 있다는 것을 알려준다.
6. 비판하거나 꾸짖지 말고 인내를 강조한다.
7. 당신이 생각하는 불안 상태를 친구로 하여금 곁에서 객관적으로 평가하도록 한다.
8. 도움이 되었던 경우와 그렇지 않았던 경우를 솔직하게 말한다.
9. 불안이 가라앉을 때까지 함께 견뎌보는 연습을 한다.
10. 때로는 퇴보가 있다는 것을 서로 인식한다.
11. 잘 되었을 때는 충분히 기뻐한다. 그러나 실패했다고 속상해하지는 않는다.

을 효과적으로 돕는 방법을 알고 있어야 한다. 하지만 당신이 겪는 공황 증상이 보통 사람이 위협을 느끼는 상황에서 경험하는 불안과 다르다는 것은 알고 있어야 한다. 그 사람들에게 공황을 이해시키기 위한 방법의 하나로, 언덕배기에서 쏜살같이 자신을 향해 돌진해 내려오는 덤프트럭을 보았을 때 어떤 느낌이 들 것 같은지 물어보라. 그리고 당신 자신이 슈퍼마켓 계산대 앞에 줄을 서 있거나 여러 사람 앞에서 호명되어 앞으로 나가야 할 때 혹은 집을 나설 때 그 정도의 공포를 느낀다는 것을 설명해준다.

(1) 도움 청하기

이제 당신은 불안을 숨기지 않을 수 있게 되었다. 하지만 아직 말하지 않아도 옆에서 눈치껏 알아서 혹은 기적처럼 도와주기를 은근히 바랄 것이다. 그러나 아무리 예민한 사람이라도 순식간에 공포에 질리는 당신의 감정에 맞춰 도움을 주기는 어렵다. 막연히 알아서 도와주리라 기대한다면 백발백중 실패하고 말 것이다.

그러므로 다른 사람의 도움을 원한다면 그들에게 어떻게 하면 도움이 되는지 구체적으로 말하고, 이런 도움은 시시각각 달라질 수 있다는 것도 알려준다. 때로는 불안할 때 다른 사람과 이야기를 나누는 것이 도움이 되지만, 때로는 혼자 조용히 있는 것이 도움이 되기 때문이다. 이를 염두에 두고 다음 사항을 익혀 친구나 가족에게 도움을 청하는 방법을 배워 보자.

 나를 돕는 사람과 함께 일하기

1. 구체적인 목표를 세운다.
2. 한 번에 한 단계씩 목표에 접근한다.
3. 불안한 상황에 들어가기 전에 거기서 벗어나는 방법을 친구와 함께 분명하게 정한다.
4. 도움이 되었다면 반드시 그에 대한 감사와 함께 도움이 되었다는 것을 알려준다.
5. 아무리 사소하더라도 당신의 불안이 조금씩 나아지고 있다는 것을 알려준다.
6. 비판하거나 꾸짖지 말고 인내를 강조한다.
7. 당신이 생각하는 불안상태를 친구로 하여금 곁에서 객관적으로 평가하도록 한다.
8. 도움이 되었던 경우와 그렇지 않았던 경우를 솔직하게 말한다.
9. 불안이 가라앉을 때까지 함께 견뎌보는 연습을 한다.
10. 때로는 퇴보가 있다는 것을 서로 인식한다.
11. 잘 되었을 때는 충분히 기뻐한다. 그러나 실패했다고 속상해하지는 않는다.

(2) 자기 표현하기

당신이 원하는 것을 말로 표현하기 시작하면 가족이나 가까운 친구는 점차 불편을 느낄 수 있다. 뿐만 아니라 불안장애가 나아짐에 따라 그들을 덜 필요로 하게 된다. 사람들은 알게 모르게 다른 사람이 의지할 수 있는 사람이 되고 싶어 하며, 그런 방식으로 다른 사람을 통제하고 싶은 욕구를 지닌다. 뿐만 아니라 새롭게 변화된 당신에게 적응하는 것이 번거로울 수 있기 때문에 당신이 계속 의존적인 존재로 남아있기를 바라는 마음이 한구석에 있을 수 있다. 물론 그들이 의도적으로 그러는 것은 아니다.

그러므로 항상 마음을 열고 대화를 나누며, 그들이 당신에게 무엇을 바라는지 세심하게 살펴보는 것이 중요하다. 가령, 전에는 당신이 집에만 있었기 때문에 퇴근하는 남편을 늘 집에서 맞이할 수 있었지만, 큰 두려움 없이 바깥출입을 하게 되면 남편이 퇴근했을 때 집에 없는 경우도 생길 수 있다. 그리고 언제나 함께 외출하자고 하던 친구에게 같이 가자는 말 없이 혼자 외출할 수도 있다. 이런 경우에 상대방은 서운함을 느낄 것이다. 그러나 당신이 그렇게 할 수 있는 것은 불안장애에서 회복되었기 때문이다. 그 점을 분명하게 말해주고, 상대방을 무시하거나 상대방이 싫어져서 그러는 것이 아님을 알려주어야 한다.

나의 권리를 적어 보기

1. 나는 실수할 권리가 있고, 그에 대한 책임이 있다.
2. 나는 죄책감 없이 다른 사람의 부탁을 거절할 권리가 있다.
3. 다른 사람의 권리를 침해하지 않는 한 나를 즐겁게 하는 어떤 일이라도 할 권리가 있다.
4. 나는 도움을 청할 권리가 있다.
5. 나는 분노를 느낄 권리가 있다.
6. 나는 울 권리가 있다.
7. 나는 놀랄 권리가 있다.
8. 나는 마음이 변할 권리가 있다.
9. 나는 산책할 권리가 있다.

불안장애가 있는 사람은 자신의 건강한 욕구까지 감추고 그저 아무런 문제도 일으키지 않는 착한 아이처럼 남들 눈에 띄지 않기를 바라는 경우가 많다. 그런 사람들은 어려운 부탁도 거절하지 못하고, 늘 웃는 낯으로 사람들을 대하며, 다른 사람의 기분이나 그들이 바라는 것이 무엇인지를 살피기 바쁘다. 그런 사람들이 자기 자신에게 하는 혼잣말이란 이런 것이다. '내 주변에 있는 사람들을 잘 보살핀다면 그들이 나를 좋아할 거야. 만일 내가 감정을 솔직하게 드러낸다면 나를 싫어하겠지. 그러니까 나는 내 감정보다 다른 사람들을 즐겁게 해주기 위해 더 노력할 거야.'

당신은 화가 날 때도 늘 미소를 잃지 않음으로써 다른 사람들이 당신이 불쾌하다거나 화가 났다는 것을 알아차리지 못하게 한다. 혹은 아무 말 안 해도 다른 사람들이 당신의 기분을 알아주기를 바랄 수도 있다. 이 모든 경우 다른 사람들은 당신이 진정 무엇을 바라는지 이해하기 어렵고, 그 결과 당신은 좌절감을 맛볼 수밖에 없다. 이런 상황을 바꾸기 위해서는 당신의 행동이 달라져야 한다.

변화의 첫걸음은 자신이 원하는 것을 말할 권리가 있다는 것을 인식하는 것이다. 익숙해지면 자신의 감정이나 요청을 직접 표현하고 즉각 반응을 얻는 것이 매우 만족스럽다는 사실을 알 수 있을 것이다. 설사 다른 사람이 당신의 요청에 부정적인 반응을 보였다고 할지라도 그것은 당신의 요청을 거절한 것이지 당신을 거부하는 것은 아니다.

2) 새로운 나와 만나기

공황장애를 가지고 있는 사람에게 만일 공황장애가 없었다면 어떻게 되었을 것 같은지 물어보면 십중팔구는 불안과 공포에서 해방되어 행복하고 즐거운 인생을 살아갔을 것이라고 대답한다. 또는 공황이 사라진다면 모든 것이 달라질 것이라든지, 옛날의 좋았던 시절처럼 무엇이든 할 수 있을 것이라든

지, 쇼핑도 하고 극장도 가고 그동안 못했던 것을 하고 싶다고
말한다.

그러나 이것은 공황장애가 생기기 전에 살았던 인생이 공
포도 스트레스도 불안도 없는 완벽한 생활이었던 것으로 착각
하는 데서 나오는 말이다. 물론 지금에 비하면 공황장애가 생
기기 이전의 생활은 완벽한 생활이었을지 모른다. 그러나 그
때도 스트레스나 걱정거리가 있었으며, 화가 날 때도, 외로울
때도, 우울할 때도 분명히 있었다. 그것을 모두 잊고 지금의
고통에 비하면 모든 것을 견딜 수 있다고 생각하는 것이다.
즉, 당신은 "공황이 생기기 전까지는 모든 것이 좋았다"라고
가정하는 것이다.

생각해보면 당신은 그동안 공황으로 인해 얼마나 많은 제
약을 받고 있었는지, 그리고 공황으로 인해 즐기지 못한 일이
얼마나 많았는지 알 수 있을 것이다. 그러다 보면 스스로 좌절
감에 빠질 수 있으며, 가족이나 가까운 주변 사람들에게 죄책
감을 느낄 수도 있다.

여기서 구별해야 할 것은, 당신이 하고 싶었지만 공황 때문
에 못했던 일과 진정 하고 싶지 않아서 하지 않았던 일이다.
이렇게 자신에게 물어보자. 만일 공황에 대한 두려움이 없다
면 그 일을 하고 싶은가? 대답이 "그렇다"이면 불안하더라도
그 일을 해보자. 만일 아니라면 그럴 필요는 없다. 당신이 원

치 않기 때문에 어떤 일을 하지 않는다는 것은 자연스럽고 건강한 일이다. 그러나 공황이 두려워 회피했던 일이라면 어떤 방식으로든 시도할 필요가 있다. 회피하지 않고 정상적인 생활을 하는 것이 당신의 목표가 아닌가?

당신 자신을 존중하라. 자신이 진정 원하는 것이 무엇인지 귀 기울여보라. 그것은 진실한 것이며 옳은 것이다. 공황을 극복하는 길은 뒤돌아보는 것이 아니라 앞으로 나아가는 것이다. 그것은 곧 변화를 받아들이는 것을 의미한다. 그 길은 험하지만 당신을 공황으로부터 벗어나게 해줄 것이다. ◆

참고문헌

권정혜, 이정윤, 조선미(1998). 수줍음도 지나치면 병. 서울: 학지사.

박현순(1996). 공황장애 환자의 인지특성. 서울대학교 대학원 박사학위 청구논문.

원호택(1997). 이상심리학. 서울: 법문사.

이현수 역(1995). 제이콥슨 박사의 긴장이완법. 서울: 학지사.

이호영(1992). 공황장애. 서울: 중앙문화사.

최영희(2007). 나의 삶을 바꾼 공황과 공포. 서울: 학지사.

Alves, M., Pereira V. M., Machado, S., Nardi, A. E., & Silva, A. (2013). Cognitive functions in panic disorder: a literature review. *Rev Bras Psiquiatr, 35,* 193-200.

American Psychiatric Association. (1994). *Diagnostic and statistical manual of mental disorders* (4th ed.). Washington, DC: Auther.

American Psychiatric Association. (2013). *Diagnostic and statistical manual of mental disorders* (5th ed.). Washington, DC: Auther.

Asmundson, G. J. G., Norton, G. R., Wilson, K. G., & Sandler, L. S. (1994). Subjective symptoms and cardiac reactivity to brief hyperventilation in individuals with high anxiety sensitivity. *Behaviour Research and Therapy, 32*(2), 237-241.

Barlow, D. H., & Craske, M. G. (1988). The Phenomenology of

panic. In S. Rachman & J. D. Maser (Eds.), *Panic-Psychological Perspectives*. Hillsdale, NJ: Lawrence Erlbaunm Associates.

Barlow, D. H., & Craske, M. G. (1991). *Mastery of your anxiety & Panic. Albany: Center for Stress and Anxiety Disorders*. New York: State University of New York at Albany.

Barlow, D. H. (1986). *Anxiety and it's disorders*. New York: Guilford.

Barlow, D. H., & Craske, M. G. (1988). A review of the relationship between panic and avoidance. *Clinical Psychology Review, 8,* 667–685.

Beck, A. T. (1988). Cognitive approaches to panic disorder. In S. Rachman & J. D. Maser (Eds.), *Panic: Psychological perspectives*. Hillsdale, NJ: Erlbaum.

Beck, A. T., Emery G., & Greenberg R. (1985). *Anxiety Disorders and phobias: A cognitive perspective*. New York: Guilford.

Brown, T. A., & Barlow, D. H. (1992). Comorbidity among anxiety disorders: Implications for treatment and DSM–IV. *Journal of Consulting and Clinical Psychology, 60*(6), 835–844.

Carr, R. E., Lehrer, P. M., Rausch, L. L., & Hochron, S. M. (1993). Anxiety sensitivity and panic attacks in an asthmatic population. *Behaviour Research and Therapy, 32*(4), 411–418.

Chambless, D. L., & Gillis, M. M. (1991). Cognitive therapy of anxiety disorders. *Journal of Consulting and Clinical Psychology, 61*(2), 248–260.

Clark, D. (1989). A cognitive model of panic attacks. In S. Rachman & J. D. Maser (Eds.), *Panic-Psychological Perspectives*. Hillsdale, NJ: Lawrence Erlbaum Associates.

Clark, D. M., Salkovskis, P. M., Hackman, A., Wells, A., Ludgate, J., & Gelder, M. (1999). Brief cognitive-behavioral therapy for panic disorder: a randomized controlled trial. *J Consult Clin. Psychol: Sci Prac, 67*, 583-589.

Craske, M. G., Maidenberg, E., & Bystritsky, A. (1995). A brief cognitive-behavioral versus nondirective therapy for panic disorder. *J Behav Ther Exp Psychiatry, 26*, 113-120.

Hibbert, G. A. (1984). Ideational components of anxiety: Their origin and content. *British Journal of Psychiatry, 144*, 618-624.

Klein, D. F. (1981). Anxiety reconceptualized. In D. F. Klein & J. Rabkin (Eds.), *Anxiety: New research and changing concepts*. New York: Raven.

Klein, D. F. (1993). False suffocation alarms, spontaneous panics, and related conditions: An integrative hypothesis. *Archives of General Psychiatry, 50*(4), 306-317.

Ley, R. (1992). The many faces of pan: Psychological and physiological differences among three types of panic attacks. *Behaviour Research and Therapy, 30*(4), 347-357.

McNally, R. J. (1994). *Panic Disorder: A Critical Analysis*. NY: Guilford.

Mochcovitch, M. D., Nardi, A. D., & Cardoso, A. (2012). Temperament and character dimension and their relationship to major depression and panic disorder. *Rev Bras Psiquiatr, 34*, 342-351.

Mogg, K., Mathews, A., & Eysenck, M. (1992). *Attentional bias to threat in clinical anxiety states: Cognition and*

Emotion, 6(2), 149-159.

Otto, M. W. (2002). The dose and delivery of psychotherapy: a commentary on Hansen et al. *Clin. Psychol, 9,* 348-349.

Otto, M. W., Tolmin, D. F., Nations, K. R., Utschig, A. S. C., & Rothbaum, B. O. (2012). Five sessions and counting: considering ultra-brief treatment for panic disorder. *Depression and Anxiety, 29,* 465-470.

Rachman, S., & Mase, J. D. (1988). *Panic-Psychological Perspectives.* Hillsdale, NJ: Lawrence Erlbaum, Associates.

Reiss, S. (1991). Expectancy model of fear, anxiety, and panic. *Clinical Psychology Review, II,* 141-153.

Ross, J. (1994). *Triumph over fear.* NY: Bantam Books.

Salkovskies, P. M., & Clark, D. M. (1991). Cognitive therapy for panic attack. *Journal of Cognitive Psychotherapy: An international Quarterly, 5,* No. 3.

van der Molen, G. M., van der Hout, M. A., Vroemen, J., Louseberg, H., & Griez, E. (1986). Cognitive determinants of lactate induced anxiety. *Behaviour Research and Therapy, 24,* 677-680.

Williams, J. M. G., Watts, F. N., Macleod, C., & Mathews, A. (1988). *Cognitive psychology and emotional disorders.* New York: Wiley.

Wolpe, J., & Rowan, V. C. (1988). Panic disorder: A product of classical conditioning. *Behaviour Research and Therapy, 26,* 441-450.

Zwanzger, P., Domschke, K., & Bradwe, N. J. (2012). Neural network of panic disorder: The role of the neuropeptide cholecystokinin. *Depression and Anxiety, 29,* 762-774.

찾아보기

◎ 저자 소개

박현순(Park Hyun Soon)

서울대학교 심리학과에서 임상심리학을 전공하였으며, 공황장애 연구로 박사학위를 받았다. 임상심리 및 상담심리 수련을 마친 뒤 임상심리전문가, 정신보건임상심리사(1급), 상담심리전문가 자격을 취득하였고, 한국 융연구원에서 분석가 수련 과정을 수료한 후 융학파 정신분석가 자격을 취득하였다. 서강대학교 상담교수로 재직하였으며, 현재 국제분석심리학회(IAAP) 정회원으로서 제주대학교 의과대학 임상교수 및 제주다솜분석심리연구소 소장으로 있다.

ABNORMAL PSYCHOLOGY 5

공황장애 공황, 그 숨막히는 공포

Panic Disorder

2000년 6월 20일 1판 1쇄 발행
2007년 6월 25일 1판 4쇄 발행
2016년 3월 30일 2판 1쇄 발행
2022년 9월 20일 2판 3쇄 발행

지은이 • 박 현 순
펴낸이 • 김 진 환
펴낸곳 • (주) **학 지 사**

　　　　04031 서울특별시 마포구 양화로 15길 20 마인드월드빌딩 5층

대표전화 • 02) 330-5114　　팩스 • 02) 324-2345

등록번호 • 제313-2006-000265호

홈페이지 • http://www.hakjisa.co.kr
페이스북 • https://www.facebook.com/hakjisabook

ISBN 978-89-997-1005-6 94180
　　　978-89-997-1000-1 (set)

정가 **9,500**원

이 도서의 국립중앙도서관 출판 시 도서목록(CIP)은 서지정보유통지
원시스템 홈페이지(http://seoji.nl.go.kr)와 국가자료공동목록 시스템
(http://www.nl.go.kr/kolisnet)에서 이용하실 수 있습니다.
(CIP제어번호: CIP2016005537)

출판미디어기업 **학지사**

간호보건의학출판 **학지사메디컬** www.hakjisamd.co.kr
심리검사연구소 **인싸이트** www.inpsyt.co.kr
학술논문서비스 **뉴논문** www.newnonmun.com
원격교육연수원 **카운피아** www.counpia.com